| 博士生导师学术文库 |

A Library of Academics by
Ph.D.Supervisors

中国英语教研员状况研究

———·———

杨鲁新 著

光明日报出版社

图书在版编目（CIP）数据

中国英语教研员状况研究 / 杨鲁新著. -- 北京：
光明日报出版社，2021.6
（博士生导师学术文库）
ISBN 978 - 7 - 5194 - 6018 - 1

Ⅰ. ①中… Ⅱ. ①杨… Ⅲ. ①英语—教师—研究—中
小学 Ⅳ. ①G635. 1

中国版本图书馆 CIP 数据核字（2021）第 077985 号

中国英语教研员状况研究
ZHONGGUO YINGYU JIAOYANYUAN ZHUANGKUANG YANJIU

著　　者：杨鲁新

责任编辑：杨　茹　　　　　　　　　责任校对：陈永娟
封面设计：一站出版网　　　　　　　责任印制：曹　净

出版发行：光明日报出版社
地　　址：北京市西城区永安路 106 号，100050
电　　话：010 - 63169890（咨询），63131930（邮购）
传　　真：010 - 63131930
网　　址：http：//book. gmw. cn
E - mail：yangru@ gmw. cn
法律顾问：北京德恒律师事务所龚柳方律师

印　　刷：三河市华东印刷有限公司
装　　订：三河市华东印刷有限公司
本书如有破损、缺页、装订错误，请与本社联系调换，电话：010 - 63131930
开　　本：170mm×240mm
字　　数：145 千字　　　　　　　　印　　张：13
版　　次：2021 年 6 月第 1 版　　　　印　　次：2021 年 6 月第 1 次印刷
书　　号：ISBN 978 - 7 - 5194 - 6018 - 1
定　　价：85.00 元

内容简介

为了解我国中小学英语教研员的工作现状，建立稳定、有效的教研员专业发展平台和长效机制，本研究采用质性访谈与大规模问卷调查相结合的方法，对41名来自不同地区的中小学英语教研员进行了深度访谈，并对332名来自全国七大片区，遍布18个省、自治区、直辖市的中小学英语教研员的工作现状进行了问卷调查。问卷调查和访谈主要围绕五个方面进行：（1）中小学英语教研员的工作内容与形式；（2）中小学英语教研员的作用与角色；（3）中小学英语教研员的工作业绩评价；（4）中小学英语教研员的专业素养与专业发展；（5）中小学英语教研员工作中面临的困难与挑战。通过对问卷调查和访谈数据的深入分析，本研究比较全面地揭示了我国中小学英语教研员的工作现状，得出了五个主要研究结论。

第一，英语教研员的日常工作体现了指导、服务、研究的基本职能，其中以教学管理与研究（如听课、评课、组织教学观摩、教学比赛、教研项目申请），考试研究（如研究中考、高考、考试命题、分析考试结果），调查研究（如根据教研听评课反馈信息，发现薄弱环节，组织相应培训）为主。有些英语教研员还制订辖区内教师进修、发展规划等。日常工作中，英语教研员更多是对英语教师课堂教学进行研究，其工作内容体现了重研教、弱研师、轻研学的倾向。此外，英语教研员工作并未呈现多元化状态，其工作主要聚焦在英语学科教学领域，鲜少从课程层面（如课程建设、课程资源开发）开展教研工作。尽管英语教研员的工作形式多样，但以集体性、制度性的教研活动为主，缺乏引导英语教师自我反思、个性发展的自主性教研活动。

第二，英语教研员的意义表现为在政策向实践转化方面、在理论与实践结合方面、在新手教师与优秀教师协同发展方面搭建了桥梁，起到了联结作用。本研究发现，英语教研员更多地扮演了政策执行者、基础英语教育引领者、英语课程改革推进者、英语教师指导者的角色，一定程度上也扮演了英语教师专业发展的促进者。英语教研员充分发挥了其教学领导力，但并未成为学者期待的"专业的课程领导者""课程与教学理论的研究者"。

第三，英语教研员工作评价主体多元（如主管部门、教师、学生），内容丰富（如职业道德、职业精神、工作能力、工作态度）。但是，普遍认为当前缺乏一个科学合理、客观公正的英语教研员评价体系。所有参加本次调研的英语教研员都认为其工作没有得到公正评价。具体表现为目前对英语教研员工作的评价内容和评价标准各不相同；缺乏国家性的各级教研员工作评价标准；没有具体文件说明英语教研员的工作职责。

第四，对英语教研员专业素养的调查显示，英语教研员对其英语教学能力、教研活动组织能力方面的满意度较高。英语教研员普遍认为其自身语言水平、教育教学研究能力、理论知识、大型教师培训的能力、科学命题的能力等方面有待提升。扎实的专业素养以及不断进取的精神是英语教研员工作发展的动力。自身专业素养和理论水平的匮乏导致英语教研员无法对英语教师发展提供充分、个性化的指导。尽管英语教研员对自身的不足有较为清醒的认识，但大多数英语教研员主要通过自学、实践、反思来提升自己的英语教学研究能力，鲜少有机会参与明确针对英语教研员开展的高端培训。我国目前仍缺乏系统、专业的教研员职前、职中发展体系。

第五，英语教研员工作地区、自身学历对其工作内容和工作形式、在当地担当的角色和发挥的作用产生影响。该影响的具体形式还有待进一步调研。

针对上述研究结论，本研究针对英语教研员队伍建设提出五条建议。（1）结合英语教研员的实际情况，相关部门需要确立精准的教研员发展定位，细化英语教研员专业发展内容。（2）为了更好地服务中小学英语教师发展，英语教研员需要提升其理论水平、研究能力和表达能力，成为实践的研究者和研究的实践者。

（3）为了保证英语教研员的素质，我国需要建立英语教研员等国家准入制度，完善英语教研员的工作评价标准。（4）我国需要建立专业、系统的英语教研员专业培训体系，完善英语教研员专业发展保障体系。这需要调动与整合高等教育机构的学术力量，构建专业支持体系，如大（高校）中（教研员）小（一线教师）结合的学习共同体。（5）为了实现教育资源的优化使用，相关部门需要出台相应政策，促进地区间的协同合作，实现英语教研员素养的均衡提升。

序

　　教研员是我国基础教育中的一个非常特殊的教育群体。他们不是一线教师，不是研究员，也不是政府公务员。但是，他们承担了我国基础教育教学研究、业务管理与教学秩序维稳等重要任务，是落实基础阶段教师教育工作的组织者和培训者，在中小学教师的职业教育中起着举足轻重的作用。教研员是中国特色教研制度的重要构成，是推动我国基础教育教学改革与发展的重要力量。

　　现有研究充分肯定了教研员对中国基础教育做出的贡献，对教研员的角色定位、专业发展途径、教研制度的建设提出了适切建议，同时也为未来研究指明了方向。但是，目前研究大多从教研员的应然角色、职能入手，对教研员的实然能力及现状研究不足。另外，现有研究多侧重笼统介绍教研员群体的角色、应具备的专业素养，多为经验型或思辨型研究，缺乏针对具体学科教研员的实证性研究。随着课程改革的深入，考虑到学科差异、地区差异以及教研员之间的个体差异等，我们有必要对教研员群体进行更细化的研究。只有深入了解各个学科教研员的状况，才能建立起符合具体学科教研员需求的发展机制，创建合理的教研员研修体系，从而促进教研员的专业成长。教研员的专业成长是培育高素质专业化学科教师队伍、提高中小学各学科教学质量的关键。

　21世纪以来，我国对基础教育阶段的英语课程进行了系列改革，颁布了新的课程标准，改革了英语中高考的内容与形式。在基础阶段英语课程改革的过程中，英语教研员肩负着上传下达、扶持英语教师落实新课标理念的重要职责。但是，我们对英语教研员如何开展教育教学研究则了解甚少。笔者从参加及主持的两项课题的过程之中逐渐认识到英语教研员的工作职责、工作保证和在促进英语教育质量过程中的重要作用以及面临的困难和挑战。作为课题组成员，笔者参加了"北京市中学英语教师专业能力培养体系研究"项目的研究设计和实施（2008—2011）。该研究对来自北京市当时的城八区（东城、西城、朝阳、崇文、宣武、海淀、丰台、石景山）的20名区级教研员、2名市级教研员、2名教材培训者以及部分接受培训的教师进行了深入访谈。该研究使笔者对北京的中学英语教师在职培训体系有了比较全面、深入的了解，也认识到了教研员在落实新课标理念过程中不可替代的重要作用。其中，2008年冬，笔者访谈了某城区教研员慧玟老师（化名）。当谈到大学教师在中学教师发展中的作用时，慧玟老师坦诚地指出："你们大学老师是天上的 what，我们中学老师是地上的 how。Please tell us HOW to do WHAT, not just WHAT（请告诉我们怎么做什么，而不是只告诉我们要做什么）。"慧玟老师的话非常形象地表达了中学教师对专家讲座"只停留在理论层面、难以实践"的看法。她的话深深地触动了笔者，让笔者开始思考高校研究者在基础外语教育中应该发挥的作用，开启了笔者走进中小学英语课堂、走近中小学英语教研员和教师之旅。

在国家社会科学基金项目"我国中小学英语教师队伍建设与教学发展新模式研究"（10BYY032）的支持下，笔者开始了为期四年扎根课堂、教研一体的研究工程。在研究期间，笔者与北京某城区中小学英语教研员密切合作，共同探讨中小学英语教学中存在的问题及解决方案。笔者充分利用教研员组织的集体备课、研究课等活动，帮助中小学英语教师理解新课标理念，认识英语教与学的本质，从而找到符合学情的教学方法。在这个过程中，笔者深刻体会到了英语教研员的"桥梁""扶持"作用。起初，没有英语教研员的解读，笔者介绍的教育理念和对研究课的点评很难让英语教师真正理解。在与英语教研员和教师不断磨合的过程中，笔者才逐步学会了用英语教师理解的话语方式表达笔者对英语教学的看法和建议，逐渐从一名远离教学实践的研究者成长为一名能够理解教师、熟悉课堂教学的教师教育者。该研究也让笔者认识到有必要调查我国英语教研员的整体情况。在教育部人文社会科学重点研究基地项目"我国中小学英语教研员状况研究"（13JJD740006）的支持下，笔者与研究团队成员共同制订研究计划，聚焦中小学英语教研员，通过质性和量化相结合的研究方法，全面深入了解我国中小学英语教研员的工作内容及所面临的工作压力、专业挑战及发展需求，旨在完善现有的中小学英语教研制度，促进中小学英语教研员队伍的健康发展。

全书分为五章。第一章为绪论，论述了英语教研员研究项目的背景与意义，并提出了研究问题。第二章为文献综述，从教研员的角色定位、教研员的工作内容与方式、教研员的专业素养与专业发展、教研员的管理及体制改革等方面回顾了相关文献，并进行了评述。第三章为研究方法，介绍了本研究的研究对象概况以及所采用的数据收集与分析方法——问卷调查和访谈法。第四章从英语教研员的工作内容与形式、英语教研员的角色与作用、英语教研员的工作业绩评价、英语教研员的专业素养与专业发展、英语教研员工作面临的困难和挑战五个方面呈现了本研究的发现与讨论。第五章为结论与启示，总结本研究的主要发现，阐明了本研究对教研员专业发展的启示。

本研究的开展过程中，首都师范大学英语教育系崔琳琳老师、云南师范大学外国语学院侯云洁老师、西北师范大学教育学院张维民老师、华南师范大学外国语学院朱晓燕老师、合肥教育学院外语系蒋道华老师参与了数据收集的相关工作，北京外国语大学中国外语教育与研究中心的硕士生李平、朱娜娜、李琛和李晴晴，博士生裴晨晖协助进行了数据收集与分析工作。中央财经大学外国语学院王素娥老师、吉林师范大学外国语学院赵晓光老师协助完成了研究报告。对上述同学和老师的工作，笔者在此表示感谢。

本书的研究及出版得到了教育部人文社会科学重点研究基地项目"我国中小学英语教研员状况研究"（13JJD740006）和北京外国语大学北京高校高精尖学科"外语教育学"建设项目（2020SYLZDXM011）的大力支持，在此表示感谢。

本书的出版也得到了光明日报出版社的大力支持，在此表示感谢。

笔者希望本书的出版能激发更多的同人关注基础教育阶段学科教研员的专业发展。对于本书出现的疏漏与不足之处，敬请各位读者批评指正。

杨鲁新

中国外语与教育研究中心

北京外国语大学国际教育学院

2020 年 4 月

目 录
CONTENTS

第一章 绪 论

一、研究背景

《国家中长期教育改革和发展规划纲要》（2010—2020 年）提出了"以提高质量为核心"的教育发展观，其落实的关键之一在于进一步完善并加强具有中国特色的教学研究员（以下简称教研员）队伍建设。在借鉴苏联经验的基础上，以及不断解决我国中小学教育教学问题的过程中，历经 60 多年的发展，我国逐步创立并完善了省、地、县、校多级教研网络体系。我国基础教育已经构建了一支既具有丰富教学经验，又能指导教学、从事教育教学研究的教研员队伍。作为具有中国特色的社会主义教育教学管理制度的重要组成部分，教研员承担了系统开展教学指导和管理，逐步提高中小学教育教学质量，为教学行政部门决策提供依据和参考的职责。作为我国特有的、能够保障我国基础教育质量的一支十分宝贵的专业教师队伍，教研员是最贴近我国中小学教育教学实际、最了解中小学教育教学真实情况的教学研究者群体。教研员承上启下、不可或缺的作用主要体现在两个方面：一方面，他们积极、诚恳地为广大的一线教师服务，直接进入学校和课堂，与一线教师一起研究教学策略，帮助他们改善教学方法、提高课堂教学质量；另一方面，在为教育行政部门提供有价值的信息和参考的同时，教研员也把教育行政部门的教育教学政策和方针、课程改革信息以及先进的教育理论动态传达给广大的一线教师。

纵观新中国教育70年的发展，特别是中小学教育的发展，不论是在数量方面还是质量方面都取得了令人瞩目的成就。其中，中国特色的中小学教研制度在提高我国中小学教师队伍素质、保障中小学教育质量方面发挥了不可替代的重要作用，成为撬动中国基础教育不断提升的支点（梁威，2011）。

随着教育改革的全面推进，"以教材、考试和经验为中心"的思路正在逐步被"以课程改革、学生发展为中心"的思路所取代。教研工作面临着新的任务及挑战，要求教研员在具有丰富实践经验的基础之上，更要具备课程分析的学术研究能力。由此，传统的教研员工作的内容、方式等需要改变，教研员的专业化发展建设亟待加强。

长期以来，对教研员这支极具特色又有特殊"桥梁"作用的队伍，在如何推动其进一步发展、全方位培养以及综合性保障方面，一直没有被给予足够的学术关注。迄今为止，关于教研制度和教研员的系统研究寥寥无几，只有北京师范大学梁威研究员领衔开展的全国教育科学"十一五"规划2007年度教育部重点课题"我国基础教育教学研究制度变革及教研员专业发展研究"，填补了这方面的空白。经过4年的艰苦研究，课题研究成果《撬动中国基础教育的支点——中国特色教研制度发展研究》（梁威、卢立涛、黄冬芳，2011）和《触摸中国基础教育的脉动——中国特色教研制度区域发展的回顾与展望》（梁威，2011）首次全面收集、总结了我国所有省、自治区、直辖市教研室发展的历史。在此基础上，还精准阐释了中国特色社会主义基础教育管理制度的生成及发展，并结合中国国情，分析、强调了教研制度在保障我国基础教育的教学质量、维护中小学校教学的正常程序、有序推动教学改革等方面所起的积极作用。梁威、卢立涛、黄冬芳（2011）在研究中指出当前教研员队伍建设主要面临的两方面问题：一是在补充新教研员的过程中遇到的困难——教研员队伍不能及时纳入、更新富有经验、优秀的一线教师，难以确保教学实践的权威性；二是补充到教研员队伍中的新成员，需要熟悉、适应不同于普通教学的教研工作。现实情况是，目前高师和教育学院等机构都没有设立专门针对教研员发展的课程和培训班，无法满足教研员队伍整体提高理论和实践水平的需求。新课改的启动，虽然加大了对中小学教师的培养力度，出台了一系列促进中小学教师、班主任队伍建设的"国培""省培"计划，但至今鲜有针对教研员的专项培训，这将直接影响教师、学生的发展和教学质量的提升。

与梁威、卢立涛、黄冬芳（2011）对中国特色教研制度及教研员队伍发展的整体研究不同，本课题关注中小学英语教研员的现实情况，以填补我国关于学科教研员研究领域的空白。本课题组的先期研究（周燕、文秋芳、杨鲁新，2011）从学科角度考察了北京地区中学英语教研员在英语课程改革和教师培训工作中所起的重要中介作用。研究显示，教研员不仅是中学英语教师专业能力培养体系中的主要执行者，更是中学英语教师专业能力培养与发展工作的设计者和推动者。前期研究也发现北京地区教研员所组织的英语教师培训活动，更多聚焦于教研员如何在技术层面提高教师完成具体教学任务的能力，忽略了在提高英语教师整体专业素质（如语言素质、科研能力）方面的培养。对现代教育理念培养、教师语言综合运用能力以及科研能力训练的缺位在较大程度上影响了英语教师专业素质和能力提高的有效性。此外，该研究只反映了北京地区中学英语教研员的状况，我们仍然需要进一步了解全国范围中小学英语教研员的状况。

课题组前期完成了一系列相关项目，如北京市教委与北京外国语大学共建项目（2008—2011）"北京市中学英语教师专业能力培养体系研究"以及中小学英语骨干教师培训者"国培计划"项目。上述项目中，我们对来自全国 14 个省、市、自治区的 16 名教研员进行了访谈，基于访谈结果以及前期研究成果，本课题对我国华北、华南、华东、华中、西北、西南、东北地区具有代表性的省、市、地区的中小学英语教研员开展全面的实证调研，通过问卷调研、教研活动观察和访谈深入了解这些教研员的工作内容及其面临的工作压力、专业挑战和发展需求。

课题组在先导研究中已经完成了对教研员和教师的访谈提纲以及教研活动的观察量表。课题开展初期，我们从华北、华南、华东、华中、西北、西南、东北地区分别选取 6 到 12 名教研员以及 6 到 12 名教师进行访谈，并在此基础上修改和完善了现有的访谈提纲，制订和修正大规模调查问卷，为后续针对大规模教研员的调查研究做好准备。

本课题的研究目的是全面了解我国中小学英语教研员的工作现状、所面临的专业挑战及发展需求。本课题的研究成果在确保中小学英语教研员在基础英语教育与教师专业发展中持续发挥关键性中介作用的同时，旨在完善现有的中小学英语教研制度，促进中小学英语教研员队伍的健康发展。研究结论不仅对中小学英语教研员的专业发展有所裨益，而且进一步拓展了有关外语教师教育者领域的研究。

二、研究问题

本课题的研究内容包括五个方面：（1）中小学英语教研员的工作内容与形式；（2）中小学英语教研员的作用与角色；（3）中小学英语教研员的工作业绩评价；（4）中小学英语教研员的专业素养与专业发展；（5）中小学英语教研员工作中面临的困难与挑战。围绕上述基本内容，指导本课题的研究问题是：

（1）中小学英语教研员有哪些工作职责？

（2）中小学英语教研员的日常活动有哪些？

（3）中小学英语教研员在当地的英语教育工作中承担什么角色？他们的作用体现在哪些方面？

（4）中小学英语教研员工作业绩的评价标准是什么？中小学英语教研员对此标准的满意程度如何？

（5）中小学英语教研员在工作中面临什么困难和挑战？

（6）中小学英语教研员对自身专业发展有什么期盼？

三、研究意义

本课题具有重要的学术价值和实践意义。本课题的学术价值主

5

要体现在三个方面。第一，教师教育者的研究是目前国内外亟须研究的课题，关于教研员的研究也是对教师教育者的研究。尽管教研员是我国特有的一支十分宝贵的专业教师队伍，但长期以来对这支队伍的形成、发展、培养和保护一直没有给予足够的学术关注。因此，本课题丰富了有关外语教师教育者的研究，填补了有关英语教研员群体研究的不足。第二，本课题基于实证研究提出了提升中小学英语教研员专业能力和完善英语教研员专业发展的可操作实践方案，目的是更好地发挥英语教研员在基础阶段教师发展中的关键作用。第三，本课题提炼出的关于中小学英语教研制度存在的理论意义将为完善现有的中小学教研员制度提供实证依据。

本课题具有三个方面的实践意义。第一，对中小学英语教研员的研究是落实《国家中长期教育改革和发展规划纲要》（2010—2020 年）精神的重要举措。推进基础英语课程改革，提高英语教研员专业水平是确保广大一线英语教师专业水平和教学能力发展的关键，是保证英语教研员在英语教学改革实践中继续起到"带头"作用的基石。第二，对英语教研员的研究有助于我们总结和发现现有教研员制度的得失。该制度的完善对于保证英语教研员继续发挥其在基础英语教育与英语教师发展中的关键性中介作用至关重要，同时能够有效地改进英语教研员对中小学英语教师的引领、沟通和服务工作。第三，本课题的研究结论将为我国教育各级部门建立和完善教研员研修制度及为教研员搭建专业成长平台提供启示和决策依据。

第二章　文献综述

　　"教研员"是一个非常特殊的教育群体，他们不是一线教师，不是研究员，也不是政府公务员，但他们在中小学教师在职教育中起着举足轻重的作用。他们是落实基础阶段教师教育工作的组织者和培训者。在英、美、澳、日等国的教师培训体系中找不到完全对等的岗位，唯有苏联视导员的职责与我国教研员相似。1957年1月，教育部颁布了《关于中学教学研究组工作条例（草案)》。从学校的教研组，到各县（区）、市、省的教研室，形成了一个有序、有效的教研网络。由于有专人常年负责在职教师的进修学习，教师培训在制度上有了计划性、系统性和连续性的保证。

　　作为中坚力量的教研员，在基础教育中发挥着教学研究、指导、服务的作用。中华人民共和国成立后，我国中小学教育成就斐然，这与中小学教研制度密不可分。随着新课程改革日益深化，课程范式由预制、封闭和垄断的指令性课程转向多元化、个性化和创造性（潘涌，2015），基础教育迫切需要教研员坚定地置身课程改革的最前沿，清醒地认识并深度转换角色，自觉地担当起执行国家课程、建设地方课程、开发学校课程的重任。教研员的角色转变成功与否，不仅直接影响着教师教研创造力的释放、专业成长的进程，也影响着我国基础教育教学的质量。在此背景下，对教研员进行深入研究显得尤为重要。

截至 2020 年 4 月，中国知网以"教研员"为篇名的发文数量显示，文献总数为 2265 篇，1964—1981 年每年基本是 1 篇。1996 年开始增加，当年发文量为 25 篇。1996 年至今以"教研员"为篇名的发文数量为 1770 篇。2001 年后发文数量开始急剧增加，2006 年以来呈稳步小幅增加态势（见图 2 - 1、图 2 - 2）。这与 20 世纪末 21 世纪初期以来我国基础教育课程改革大背景有关。新课程改革中，教研员的角色和职能成为一个重要的理论和实践话题。除少数文章是对现有研究进行文献综述和态势分析外（闫晓丽，2014；李玉明、梁秀香，2013；卢立涛、梁威、沈茜，2013；宋文君，2018），其他研究主要围绕四个方面展开，即教研员的角色职能（卢乃桂、沈伟，2010；潘涌，2008；魏宏聚，2010；赵虹元，2018），教研员的知识能力素养（毕景刚、韩颖，2014，2016；胡进，2003；罗滨，2016；卢立涛、沈茜、梁威，2016，2018），教研员的专业发展（崔允漷，2009；王洁，2011；花文凤，2018）以及教研员的教研策略（朱志平，2003；江淑玲、蔺素琴，2019）等，其中以探讨课改新时期教研员的应然角色与职能转变居多。

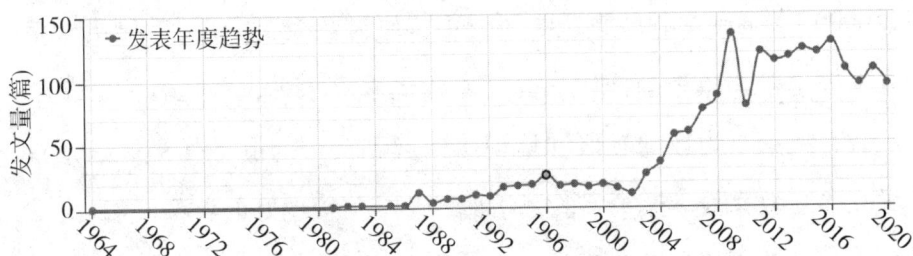

图 2-1 "教研员"为主题词年度发文量（1964 年至今）

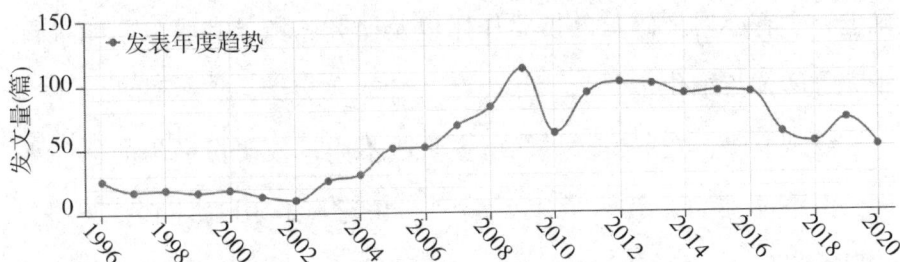

图 2-2 "教研员"为主题词年度发文量（1996 年至今）

根据本课题的研究问题，我们从四个方面对现有研究进行文献梳理，主要包括教研员的角色定位，教研员的工作内容与方式，教研员的专业素质及其专业发展，教研员管理以及体制改革研究。我们希望通过对相关研究成果的梳理，借鉴现有研究的意义价值，探寻未来研究的方向。

一、教研员的角色定位

2001 年教育部颁发的《基础教育课程改革纲要（试行）》指出，在教育行政部门的领导下，各中小学教研机构要把基础教育课程改革作为中心工作，充分发挥教育研究、指导和服务等作用。陈小娅

（2009）在全国基础教育教学研究工作研讨会上指出，"教研员一是要发挥桥梁和纽带的作用，提高专业化服务水平；二是要为行政部门教育决策、为教师教研和培训工作起到支撑与服务作用；三是指导和参与教育教学改革实验，培植、总结与发现好的典型。"政府文件中关于教研员角色和作用的定位充分反映了课程改革与课程发展的现实需要，也体现了教研员的角色要满足教师教学需求。在此基础上，学者亦对教研员的桥梁作用以及研究、指导和服务职能进行了充分解读与细化。

纵观教研员发展史，尽管历史阶段不同，教研员承担的任务不同，但整体而言，教研员主要起到"桥梁"作用（沈伟，2013a，2013b；赵虹元，2018）。作为一支中国特色的队伍，教研员在教育行政人员与一线教师之间搭建由政策向课堂转化的桥梁；在高校、科研机构与中小学之间搭建教育理论与教学实践联结的桥梁；在新手教师与优秀教师之间搭建共同体协同发展的桥梁。教研员通过沟通各方力量，促进了教师专业成长与基础教育教学质量的提升。在新课改的背景下，除了桥梁作用，也要求教研员角色转换，即从过去的指令型、权威性的角色逐渐向指导型、支持性、服务性的角色转变，从专业指导转变为专业支持（魏宏聚，2010；胡惠闵、汪明帅，2017）。

在查阅教研员角色定位的文献时，透过研究者对教研员的职能转换开出的关键词，我们既看到研究者对新课程背景下教研员角色转变的共鸣，也梳理出对教研员转型方向的两种不同取向，即"向上发展"和"向下发展"。一部分研究者认为，教研员应该更加注重"向上发展"。例如，为适应课程范式的转型，教研员应该成为"专业的课程领导者"（崔允漷，2009），具体职能包括教研员应参与决策，研制符合地方课程发展需要的各种政策与制度；发挥专业引领的作用，为国家课程有效实施、地方课程合理开发及校本课程开发提供专业指导、质量监测等。也有研究者认为，国家政策以及基础教育改革赋予教研员多元职能，这些职能显然已经超越教研员的业务范围而进入专业领导，教研员应该发展专业领导力，成为"专业领导者"（宋崔，2012）。为有效推进课程改革，教研员的职能应转变为研究课程和教学理论，深入指导教师的专业自主发展以及组织协调利于教师发展的各项活动。教研员应该成为理论视野高远、教学观念先进的"专业研究者"（潘涌，2015），这些均体现了研究者对教研员的应然角色定位。

然而，不论是专业的课程领导者还是专业领导者，抑或专业研究者，在一些学者，尤其从教研员的角度来看，这些角色都是学院派高屋建瓴的理论构建与愿景。少有的实证研究（翟立安，2010）显示教师对教研员的期待与专家对教研员的期待差异较大。

通过问卷调查，翟立安发现教师对教研员在新课程背景下角色重新定位的需求并不迫切，指出教研员成为"专业的课程领导者"的要求既不切合教育实际也不符合学生发展和教师教学的需要，因为教研员不是独立的专业角色，不是执行国家课程政策的主体，不具备地方课程设计的能力。教研员应该多研究学生，角色定位应为"学生发展的服务者"（翟立安，2010）。教研员应该注重"向下发展""下移重心""下行活动""下校蹲点"（何文明，2012）。教研员应深入一线，还原自己的教师本色，做好示范教师，成为具有主体意识和探求精神的"专业示范者"。教研员需要适应形势，以教师、学校需求为导向，加强服务功能，提供更有针对性、更个性化的指导，以更民主、更平等的姿态开展工作等。如果教研员过多、过早地承担多种职责，扮演更高的角色，不但会人为造成角色指派错误，而且会让教研员成为"四不像"（翟立安，2010）。

现有研究更多地关注了教研员的应然角色。然而，教研员的角色定位主要是通过简单理论演绎，如教研员的角色与职能是根据新课改的背景推演而来。诚然，学者提出了对教研员角色、素质的应然期待，一方面有助于我们了解问题的复杂性和重要性，对相关问题进行理论构建；另一方面表明教研员需要调整适应新的情况。目前研究对教研员的角色定位存在分歧。现实中，教研员自身亦面临身份认同的困惑，主要体现在教研员作为"教师"、作为"研究者"以及作为"管理者"的困惑。教研员到底扮演了什么角色？他们的"专长"到底是什么？教研员的"研究、指导、服务"该如何体现？这些问题如果界定不清，将会使教研员的工作失去方向和动力，失去工作积极性。

二、教研员的工作内容与方式

国家教委 1996 年颁布的《关于改进和加强教学研究室工作的若干意见》中规定，"教研室是地方教育行政部门设置的承担中小学教学研究和学科教学业务管理的事业机构"。教研员应承担"为教育行政部门决策提供依据""组织教材""教学检查和质量评估""研究教育""组织教学研究活动""总结、推广教学经验""指导教师"等职能。梁威等（2010）将我国教研制度划分为六个时期，总结了每个时期的特点。从教研制度初期照搬苏联经验模式到思考并形成与中国实际相适应的教研制度。新课程改革背景下，教研部门逐步从以教学为中心转变为以课改为中心，从原先的教学管理和教学研究两大职能转变为以课程教材改革为中心的教学研究、教学指导、服务等职能，推动全国建立以校为本的教研制度。

长期以来我国基础教育一直是国家意志为本位的指令型课程范式。"教什么"主要是学科专家的关注领域。教研员与教师一样，更多关注"如何教"，教研员"研"的内容缺失（魏宏聚，2010）。教研员主要根据国家政策，在宏观理论层面探讨教研活动的策略、方式；在微观理论层面探讨教研活动的具体实践操作，从而指导教师的教学改革，提升教师的专业水平，促进更好地完成教学任务。教研员工作的具体形式包括教师培训、教学观摩、教学大赛、优秀教学经验的发掘和推介、连片教研、网络教研（梁威等，2016）。也有研究者将教研员的教研活动分成研究型教研、指导型教研、管理型教研、评价型教研、学习型教研五种基本的教研行为模式（董绍才，2011）。

传统的教研工作模式除了为学校以及教师提供智力支持，教研员也实施教学调研和管理，服务于教育决策。各级教研室和教研员每年定期或不定期地从学校教学管理、教师备课授课、教研活动开展等角度调查了解学校的教学改革与课程标准实施情况，撰写调研报告，反馈给学校、教师，以便于发现问题及时调整。这些报告也反馈给教育行政部门，为有关政策制定和规划提供依据（梁威等，2016）。

　　传统教研工作开展了一系列以"教材教法分析"和"研究课、示范课"为主的"示范式进修"（罗滨，2016），这些在维持正常教学秩序、保证基本教育教学质量、促进教师专业发展等方面起了重要作用。有研究者指出，教研员长期流于"走校"中，未能深入课程、深入教师和学生中；教研工作更多关注教师"教"的行为，对学生的"学"则关注不够（潘涌、朱嬉，2010）。因此，有研究者提倡基于解放理性的教研重心下移（潘涌，2015），认为以身试教进行"下水课"是教研工作的基本途径（潘涌，2015；魏宏聚，2010）。教研工作主要开展的是同一学科教师的教研活动（梁威、李小红、卢立涛，2016），缺乏整体的课程发展研究（崔允漷，2009）。此外，新课程建立了国家课程、地方课程以及校本课程的三级课程体系。这要求教研员从课程实施层面探究如何创新教学。教研员在工作中应该从执行国家课程政策转向发展地方和校本课程。教研员不仅需要认真学习国家的课程政策，执行相关国家课程政策，而且需要根据本地特点与优势，创造性制定和发展适合本地区、当地学校的课程（陈瑞生，2010；崔允漷，2009）。除了上述提到的从课程的上位层面开展教研工作，教研员应零距离直面实际课题，走入师生内心世界，坚持过程性扎根。

　　长期以来，一线教师和教研员将课程视为学科知识，课程内容等同于教材内容。因此，大多数教研员仅有教材、学科知识概念，缺乏课程概念。教研员在工作中忽视整体课程发展研究（崔允漷，2009）。新课程背景下的教学研究不同于传统的学科教学研究。《基础教育课程改革纲要》作为创新型课程范式的载体，要求教研员从课程目标、课程内容、课程结构、课程资源、课程评价、课程实施、课程管理等方面更新理念，提升课程理论和实践理论，从较高层面形成基于课程实践的工作思路。在教研目标方面，教研员要从单纯突出国家意志转向顾全学习者个性发展（潘涌等，2010），从知识讲授转向素养提升。在教研内容方面，教研员要从教材教法研究转向课程研究与教材研究并举（何文明，2012），指导学校与教师挖掘地方课程资源，合理开发校本课程。在教研评价方面，教研员要实施基于课程标准的评价，由甄别选拔转向促进教师专业发展的评价。在教研模式方面，教研员也应从封闭型转向开发型，教研手段从传统型转向现代化发展（何文明，2012），从"个人权威式"指导转向"合作共同体"式研究（赵尚华，2015）。

教研员的工作内容以及工作方式与其角色定位关系密切。江淑玲、蔺素琴（2019）分析了教研员与教师所处的时空对他们各自的行为施加的诸多影响。数据分析发现"传统型"教研员通常会采用"控制"的策略界定情境，提倡"遵从"，其依据是教研室的定位和目前国家课程标准等主导文件影响下所形成的对教研活动的理解以及教研员内部的主流意识，所遵循的是"行政权威"与"专业权威"相结合的"支配原则"。"无为型"教研员通常会采用"非指导性"的策略界定情境，提倡"自主"，其依据主要是专家在教学实践现场对教师自主性的理解和教学困境的领悟，所遵循的是"个人魅力"与"教师自主"相结合的"自主"原则。"整合型"教研员通常会采用"引导"的策略界定情境，提倡"参与"，其依据是"传统型"与"无为型"依据的结合，所遵循的是"专业权威"与"教师自主"相结合的"协商"原则。换言之，"传统型"教研员关注教师在"知识"层面的掌握情况；"整合型"教研员更关注教师"不能"胜任的工作；而"无为型"教研员更看重教师"能"干什么。这反映了教研员对自己的角色定位。总之，从"传统型""整合型"到"无为型"，教研员对情境的控制越来越弱，给教师让出的空间越来越大，教师的自主性越来越强，同时对教师自身的要求也越来越高。

教研员群体在特定的社会历史背景下发挥了应有的作用。但随着社会的发展和教育系统改革的推进，教师专业化发展水平的提升，大量专家型名师的涌现，教师理论和实践水平不断成熟，以及基础教育与高等院校的密切合作等，基层教师对教研员的依赖逐步降低。尽管教研活动促进教师专业发展、改善基础教育教学质量的根本目标不变，但实践工作中，教研活动的内容与方式是否具有其适切性以及多样化，教研员如何既从课程的上位层面指导教学工作，又能够保持其传统示范性，这些都有待进一步研究。

三、教研员的专业素养与专业发展

教研员是指导学科教学的专业人员，其专业素质很大程度影响了教师教学质量。目前尚无国家层面统一的教研员素养标准，对教研员的素质要求零星、缺乏系统规范，如 2000 年教育部下发的《教学研究室工作规程》①（征求意见稿），该规程对教研员应具备的基本要求主要体现在学历要求、政治觉悟、教育观念以及思想作风和科学态度几方面上。现有的关于教研员的专业标准主要是学者的理论构建以及教研机构自下而上的自主研制。这也导致对教研员的专业素养界定众说不一，具体主要体现在两个方面，即教研员专业素养与教师专业素养的关系，教研员专业素养与其角色定位的关系。

卢立涛、沈茜、梁威（2016，2018）从教研员实践性知识的构成及特征探究了教研员的专业素养。基于访谈和观察数据，他们发现教研员的实践性知识由四方面构成：（1）关于学科、教学与教师的知识；（2）关于教育教学研究的知识；（3）关于组织管理与人际交往的知识；（4）关于人、教育与自我的知识。教研员的实践性知识既具有情境性、复杂性、个体性等实践性知识的一般性特征，同时又具备自身的独特性，如中介平衡性、综合前瞻性、实践反思性，这些特征充分彰显了教研员实践性知识的本质。具体而言，首先，教研员是一名优秀的学科教师，通晓本学科各年级的系统知识结构

---

① 第三章，第十四条 教学研究人员（以下简称教研员）除符合本规程第十三条要求外，应具备以下基本要求：1. 小学教研员应具有大专及以上学历，中学教研员应具有大学本科及以上学历。教研员应具有教师资格并具有中、高级专业技术职务。2. 应具有正确的教育观念，有一定的教育科学理论基础，有相关学科系统扎实的基础理论及专业知识，有较丰富的教学实践经验和组织指导教学活动的能力，掌握现代化教育技术，能运用科学的方法开展教学研究，善于学习，不断提高实施素质教育的能力和水平。3. 具有实事求是的思想作风和科学态度，谦虚谨慎，团结同志，能认真履行职责，全心全意为教学第一线服务。

及本学科与其他学科的内在关联，对一线的教学指导不再局限于知识层面的引导，而是更加关注教师对学科本质的把握以及良好学科素养、学科精神的形成。教研员的"教学知识"主要体现在对一线教师的教学指导方面，能够敏锐地洞察各种"显性"教学问题（如教学内容的加工处理、教学方法的应用等）和"隐性"教学问题（如潜在的教育教学习惯、教学态度等），并能够针对这些问题"对症下药"，从而解决课堂教学中存在的"顽疾"。教研员关于教师的知识包括教师专业发展、教师培训等一般理论知识以及对教师个人特质（如性格、教学风格、成长阶段与发展诉求等）的了解与把握。其次，教研员关于教育教学研究的知识与学科教学联系紧密，这对教师日常教学的指导更具实用性和针对性。教研员通常以一种"研究"的态度和理念应对教研工作中遇到的困惑、"盲点"及挑战，表现为具有一种敏锐的学科问题意识和强烈的探索精神。再次，教研员关于组织管理的知识包括对教研工作的整体规划与安排，对各级各类的研究课、研讨会、专题讲座等的安排筹措等方面，而对于人际交往的知识则包括如何与上级行政部门、中小学学校领导、中小学教师恰当交往。最后，教研员对做人、对教育以及对自我的职业认同与自我发展会直接影响其"教师观"，从而对教师培养、教学指导产生作用。教研员的常规工作十分繁杂，常常扮演着"幕后英雄"的角色，这就需要发挥无私奉献的精神；在培养骨干教师方面，教研员拥有选人、用人的权力，这就需要保持着一颗公平心，用人唯能。教研员只有知道怎么做人，才能在教师群体中树立个人威信，从而真正发挥对一线教师的引领、示范作用。

　　鉴于教研员多是学科教学中的佼佼者，现有教师专业标准的能力要求可以作为教研员能力标准构建的前提和基础。毕景刚和韩颖（2014，2016）以能力与活动相适应理论为基础，构建出教研员应具备的三个维度的能力结构（一般能力、专业能力和自主发展能力）以及78项构成要素。其中，一般能力是指教研员作为普通社会个体，能够参与社会一般活动所应具备的基本能力，包括学习能力、表达能力、沟通能力、人际交往能力、协作能力、问题解决能力六个方面。专业能力是指教研员作为教师队伍中的特殊群体，具有作为教育教学活动的研究者、教育教学实践经验的总结者、教育教学成果的推广者和教育教学团队的缔造者等多种角色职能，应充分发挥自身教材解读能力、学科教学能力、课程研究能力、教学研究能力、业务培训能力、组织协调能力、引领示范能力、特殊能力八个方面的业务能力。自主发展能力是指教研员积极主动探寻改革前沿信息的意识与能力，关注并借鉴最新学科知识和教学方法的能力，参加并有效完成专业共同体相关活动的能力，及时更新专业知识、教育理念的意识和能力，针对教学方法、行为、效果反思和评价的能力。诚然，教研员的专业素养亦与其角色定位密不可分。教研员的角色决定其不仅要自身优秀，具备教师应有的专业素养（何晓波，2013），而且要成为教师的指导者。因此，有研究者（宋萑，2012）指出，教研员必须具备将其教育教学经验提炼上升为知识和理论的能力，这些能力包括学术研究能力、专业指导能力、课程开发能力及教研测评能力。

　　另外，随着信息化技术的普及，教研员的信息化教学能力与推广能力也开始受到关注。例如，赵可云、杨鑫（2017）在归纳分析教研员工作职能及能力要素的基础上，基于对教研员信息化教学引领力的解读，得出了由六个要素（前瞻力、研究力、规划力、影响力、评估力、实践力）、五个职权行为（区域信息化教学变革与创新、区域信息化教学规划与预警、区域信息化教学资源建设与整合、区域教师信息化教学能力培养、区域信息化教学管理与评价）及一个核心导向（区域信息化教学共同体的形成）构成的教研员区域信息化教学引领力模型。教研员在我国的教育教学改革中扮演着非常重要的角色，该模型还需要在实践中进一步验证。

随着基础教育课程改革的推进，教研理念也发生了重大革新。新时期，教研转型要求重构教研人员的知识结构，提升教研领导能力，塑造教研文化等，使教研队伍具备宽厚的基础知识、丰富的教研实践经验、卓越的教研领导能力和教研文化主体意识（张广斌，2011）。如表 2-1 所示，北京市海淀区教师进修学校研制了教研员的专业素养框架，该框架包括三个维度（专业精神、专业知识和专业能力）、十大素养、20 条具体内容（罗滨，2016）。具体而言，专业精神是教研员工作的内驱力，包括专业意识和专业情怀；专业知识是教研质量的基础，包括学科专业知识、学科教学知识、教师教育知识和课程知识；专业能力是教研品质提升的保障，包括课程建设与资源开发能力、教学研究与指导改进能力、质量评价与分析反馈能力及教育教学科研能力。该框架是基于对优秀教研员的画像，由北京市海淀区教师进修学校自下而上研发制定，目的是督促教研员不断加强自我修炼，提升教研能力，从而胜任新时期教研工作，实现从执行教学政策转向发展地方课程政策，从课堂指导转向全方位专业支持，从基于经验的指导转向基于实践的共同成长。当然，对教研员的要求不仅有学科素养等认知因素，还有人格魅力等非认知因素。教研员除了具备宽泛的学术视野和扎实的学科素养，能运用丰富的课程资源，还要具有人格魅力（李丽桦、张肇丰，2009），要以人格魅力来引领学科的发展。

表 2－1 教研员必备的十大素养

标准维度	标准要素和主要内容
专业精神	1. 专业意识 （1）牢固树立服务意识，为学生、教师和学校的发展服务 （2）理解岗位内涵职责，以提升区域教育教学质量为己任 （3）合理规划职业发展，提升教研能力，顺应教育改革需要 2. 专业情怀 （1）热爱学生，热爱教育，不断提高服务品质，提升教育境界 （2）遵循规律，尊重差异，分类、分科、分层，持续开展教师研修
专业知识	3. 学科专业知识 （1）学科专业知识精深，把握学科本质和学科思想与方法 （2）能指导教师落实课标，能够示范教学的新理念和新设想 4. 学科教学知识 根据内容和学生实际，指导教师创设情境，促进学生学习 5. 教师教育知识 （1）明确教师和组织需求，构建区域特色学科教师教育课程 （2）能规划组织区级研修，针对性指导联片教研和校本研修 6. 课程知识 理解学科的育人价值，能够把握教材编写意图，设计教学

续表

标准维度	标准要素和主要内容
专业能力	7. 课程建设与资源开发能力 （1）能参与制订区域课程方案，指导学科校本课程开发和实施 （2）能根据学科课堂教学需求，带团队建设区域课程教学资源 8. 教学研究与指导改进能力 （1）能多种形式调研教学现状，科学诊断课堂教学并精确指导 （2）解读学科课程标准和教材，通过讲座和案例指导教师教学 （3）能聚焦学科教学关键问题，带领团队研究并在实践中改进 9. 质量评价与分析反馈能力 （1）制订学科学业评价的方案，研制学科评价工具并实施评价 （2）基于大数据的分析和反馈，给学校和教师提出改进的建议 10. 教育教学科研能力 （1）能洞察学科教学存在问题，以课题和项目为载体研究解决 （2）能组织课程改革实验研究，善于发现并总结推广优秀成果

　　教研员专业发展是指教研员不断获得新知识，优化教研策略，提升专业能力的过程。其本质是个体不断成长的历程（梁芹，2004）。针对教研员专业发展的研究主要涉及教研员专业发展定位、内容和途径。教研员专业发展定位也与教研员所承担的角色或职能紧密相连。教研员专业发展的内容和途径主要是在专业发展定位基础上展开的。崔允漷（2009）认为，教研员的专业发展应当定位为一名专业的课程领导者；教研员的专业发展应该是系统的专业学习，聚焦课程、教学与评价；其发展内容应该包括课程发展能力、专业服务能力和自我发展能力。崔允漷（2009）提议通过反思、互动、作业和专业学习来聚焦课程领导力这一专业核心的培训，从而促进教研员专业发展。袁晓英（2010）就如何提升课程指导力给出具体实践策略，主要包括理论学习、实践提升、科学研究、资源整合以及机制创新。通过学习提高教研员理论水平，通过实践提高课堂教学指导和评价，通过研究提高科研指导和实施能力，通过整合资源

提高整体团队能力，通过机制创新提高研训工作效率等。花文凤（2018）指出，教研员不仅是以教学探究为工作核心，以实践为活动指向的专业行动者，而且还是以研究中小学教研活动为专业生活内容的理论应用者。因此，教研员应回归专业生活，深入课堂，挖掘实践智慧，全面提升其教学研究能力，做好教学理论与教学实践之间的沟通和连接。

教研员需要专业发展，具体的途径也需要探索。研究者提出了不同的教研员专业发展途径，如通过参加课堂教学实践（凤光宇，2009），参与学校的教研组建设（朱志平，2003），研究人员与教研员深度合作（王洁，2011）等。教研员专业发展平台包括会议、培训、检查、督导、竞赛等。教研员专业发展途径包括要规划发展目标，不断进行终身学习和反思，参加学术活动，开展行动研究，积累教育智慧，成立专业发展机构，实施资格认证，提高课程发展能力，建立新评价体系等（丁文平，2009；李丽桦、张肇丰，2009；王培峰，2009）。

此外，教研员的专业研究不应该依靠个人自觉行为，而应该建立健全教研员业务指导机构和专业发展机制（崔允漷，2009；梁威、李小红、卢立涛，2016）。杨小敏、向蓓莉（2011）从更宏观的角度，以帕森斯的社会功能领域为理论基础，提出教研员应发挥其全国范围内的教研网络体系优势，领导建立一种教学管理和研究的生态系统，开展具有广度和深度的研习性教学协作，利用教育行政管理者、一线教师和学院派研究者的资源和智慧，构筑一种实体和虚拟相结合的教研平台。

现有研究中，教研员专业发展与其角色和职能的转变相呼应，要求教研员既要提高理论水平、实践经验，同时也要提高研究、服务、指导和管理的能力。通过梳理现有研究，我们发现针对教研员专业发展的途径论述最多。由于现有研究对教研员专业发展的定位众说纷纭，教研员的专业发展内容也纷繁复杂。这些研究对现状有所裨益，但多数仍属于经验总结或应然性研究，其实际效果如何？这些途径能否在实际操作中行得通？在实际中有哪些因素需要考虑？这些问题尚需进一步深入验证。

四、教研员的管理及体制改革

现有研究介绍了教研室制度的形成过程与历史演变。教研制度建立之初，是为了管理教学研究与教学指导。作为中国特色的基础教育教学管理制度的一部分，教研室起到了重要的作用（梁威、卢立涛、黄冬芳，2011）。20世纪90年代出台了比较完整的教研室制度的规定（董绍才，2011），标志着教研室制度的成熟。但是随着改革的不断推进、教师力量的不断增强，原有的教研员体制已经不能适应目前及日后的需要；普遍认为教研员制度应该大力进行改革，从教研员的选拔到管理都应进行改革。潘涌（2008）提出，指令型课程范式下诞生的教研员选拔和考核机制已经不适应如今的形势，应当进行改革。他从教研员的选拔、考核与评价标准三个方面提出了具体的建议。在选拔方面，潘涌提出了一系列教研员应该具有的基本素养并建议以此来进行选拔；在考核方面，不能仅以行政领导一元考核，而应该加入学校教师、教研员自身等多元考核。考核内容也应立体化，知识与能力，过程与方法，情感态度与价值观等全方位进行；评价方法既要定量也要定性，柔性与刚性相结合。刘海燕（2012）建议强化教研员制度管理应从岗位行为规范、培训制度、激励机制、评价机制四个方面着手。马梅玲（2011）认为加强教研员管理应该明确职责，完善考核体系，创建激励机制，构建培养体系，实施聘任制。秦磊（2013）认为要依据专业服务理念创新教研体制，首先，要改造教研组织架构，即改变目前以学段为基线建设教研团队的做法，以学习领域或学科门类构筑教研组织，分别设立文科、理科、综合、艺术等教研室（组）或语文、数学、外语、科学等教研室（组）；其次，要以专业研究室（组）的整体规划、整体研究为基础，内部再按学段划分研究重点或主攻方向，如小学语文研究、中学语文研究等。沈伟（2013）则从理论角度论证教研室应尽快转变为独立于教育行政系统和教师系统的第三方组织，重点发展教研员的管理能力。与之相似，王培峰（2009）也提出将教研室进行社会化改革，使之脱离教育行政部门，成为中介服务机构，并实施教研员资格认证制度。

上述研究或是依据经验或是从应然的理论研究角度探讨了教研室制度的改革。梁威、卢立涛、黄冬芳（2011）则以实证研究的方式，指出当前教研员队伍建设实际存在的两个问题：一是补充新教研员时遇到的困难，一些优秀的一线教师由于教研员的待遇及职称问题，不愿意转岗成为教研员，教研员队伍不能及时更新，教学实践的权威性受到威胁；二是新教研员面临对教研工作不熟悉，需要适应的问题，教研员整体需要不断提高理论和实践水平，而高师和教育学院等机构都没有设立专门针对教研员发展的课程和培训班，针对学科的教研员培训刚刚开始。

21 世纪以来，我国推行的一系列课程改革对教研员队伍提出了更高要求。具体而言，课程改革不仅要求教研员专业化发展，而且要求教研室体制做出相应改革，包括教研员的选拔、聘用、培训、考核等一系列内容都需要进行改革，以适应新的发展形势。但是，改革的要求与现状存在很大的矛盾和冲突，在教研员队伍建设存在诸多问题的情况下，需要以多种方式促进教研员的专业发展并通过制度改革保障教研员的权益，在此基础上才有可能谈到加强对其监督和管理。如果教研员的实际情况与大多数的应然性研究存在着较大差异，学界仅从应然性方面进行论述则无益于现状的改进。只有通过实证性的研究，了解教研人员所处的真实现状，才有可能为下一步的体制改革提供切实的依据。

五、教研员文献述评

现有研究充分肯定了教研员对中国基础教育做出的贡献，对教研员的角色定位、专业发展途径、教研制度的建设提出了适切建议，同时也为未来研究提供空间。

第一，目前研究多从教研员应然的角色职能入手，对教研员实然能力及现状研究不足。很多研究讨论了教研员的角色和职能，虽然基本一致同意对过去的指令性课程范式应该予以改革，但是对于如何具体改革，教研员的职能如何转换存在不同意见，这些意见基本属于"应该怎么做"。少数研究者认为教研员应该向示范教师的方向转变，也就是向下发展，侧重接地气。例如，研究中提及的"下水课"或要求教研员作为示范教师出现就是这一思路。而部分人认为教研员应该提高理论背景，参与行政制定等，实现向上发展的趋势，成为专业的领导者。当然还有大多数人认为教研员应该承担多种角色，既能教研重心下移，又能同时提升学理素养；既能够在行政管理方面起到领导作用，同时又能在教学和课程指导方面具体操作。对教研员可以说寄予了很高的期望。但是一方面，教研员不可能同时胜任如此繁重、要求甚高的角色和职能；另一方面，这些研究多数都属于应然研究，即教研员应该担任哪些角色和职能。现实工作中，优秀教研员承担了哪些角色？他们能够扮演什么角色？他们拥有哪些能力？他们是如何获得这些能力的？只有通过实证研究才能对上述问题做出回答。然而，目前对教研员实际情况了解不足，缺乏对教研员实然状况的研究。

第二，现有研究多侧重笼统介绍，缺乏针对具体学科的深入实践性研究。现有研究有助于引起对教研员这一群体的重视。但是，随着研究的深入，考虑到学科差异、地区差异以及教研员之间的个体差异等，我们有必要对其进行更细化的研究。以英语学科为例，目前，关于英语教研员的研究只有少数几篇。周燕、文秋芳、杨鲁新（2011）从学科角度研究了北京地区中学英语教研员在英语课程改革和教师培训工作中的重要中介作用。刘懿（2011）以浙江省教研员为例，以英语教研员的专业知识和能力为研究对象，建构教研员专业知识与能力的框架和内容，以促进教研员的专业发展。只有深入了解各个学科教研员的状况，才能建立起符合具体学科教研员需求的发展机制，创建合理的教研员研修体系，从而促进教研员的专业成长。教研员的专业成长是培育高素质专业化学科教师队伍，提高中小学各学科教学质量的关键。因此，目前亟须针对学科教研员问题进行深入的实践性研究。

第三，现有研究多为经验型或思辨型研究，实证研究仍然缺乏，研究方法比较单一，有待改进。正如卢立涛、梁威、沈茜（2013）分析指出，实证研究严重不足，只有极少数文献采用了实证研究方法，如顾瑾玉（2014）采用了案例研究方法，宋崔（2012）采用了部分访谈数据，关晓明、蒋国珍（2009）采用了行动研究方法，卢立涛、沈茜、梁威（2016，2018）采用访谈和观察方法。目前为止，大部分研究为思辨型研究，即在现有文献的基础上进行理论概括或根据个人经验进行总结，提出意见和建议。这些论文在讨论相关问题，尤其是理解教研员的应然状态等方面起到一定的推动作用。但是，目前针对教研员所面临的现状和问题等方面的实证研究较少，如王洁（2011）对上海的教研员现状进行了研究，研究指出教研员仍然面临很多困境与问题，这些问题在课程改革的背景下尤其明显，只有通过科学的方法对现实情况开展实证性研究，才可能真正了解教研员的真实现状及其面临的问题，并且在实证研究的基础上提出针对性的解决策略。

第四，大多数研究包括思辨型研究和现有的少数几篇实证研究缺乏理论指导，针对教研员的理论建设很少。在理论研究方面，杨小敏、向蓓莉（2011）以帕森斯的社会功能领域为理论基础探讨建立教研平台，沈伟（2013）以组织学中的"边界"概念为视角，分析教研员作为桥梁面对的组织内部张力及其能力建构的方向。此类研究为下一步的教研员研究提供了新的理论视角，有利于研究的深入发展，在未来的研究中需要寻求相应理论的指导及进行理论建设。

在新课改的大背景下，已有研究对教研员的角色职能、教研策略、教研员专业发展以及教研员管理体制改革等进行了多角度探讨。这些研究对推动教研制度的发展起到了重要作用。对现有文献梳理后，我们发现目前研究依然存在诸多问题，如多数研究尚处在初级阶段，不够深入；现有研究多笼统介绍教研员的职能或者教研策略，侧重于思辨或应然性研究，在经验的基础上提出应然性建议和意见；严重缺乏理论的指导；在方法上存在不足等。如果对现状缺乏全面了解，应然性研究必然失去存在的基础。而理论和科学方法缺乏，则不能深入或精准探讨教研员相关议题。为了填补研究空缺，本研究聚焦英语教研员，采用了质化和量化相结合的研究方法，深入了解英语教研员的工作内容以及所面临的工作压力、专业挑战以及发展需求。

第三章　研究方法

本课题采用量化研究和质性研究相结合的方法，既有大规模的问卷调查，也有深度访谈。量化研究有利于了解研究现象的整体情况及趋势，而质性研究有利于挖掘研究现象产生的原因。量化研究和质性研究方法相结合保证了本研究全面深入地了解英语教研员的现状以及问题产生的原因。课题组在先导研究中已经完成了对教研员和教师的访谈提纲以及教研活动的观察量表。基于前期研究成果，本课题通过问卷对我国华北、华南、华东、华中、西北、西南、东北地区具有代表性的省、市、地区的中小学英语教研员开展全面的实证调研。课题开展初期，我们从华北、华南、华东、华中、西北、西南、东北地区分别选取 6～12 名教研员以及 6～12 名教师进行访谈，并在此基础上修改和完善了现有的访谈提纲，制订和修正大规模调查问卷，为后续针对大规模教研员的调查研究做好准备。

一、问卷调查

（一）调研工具

量化研究中，我们主要采用问卷进行调查。该问卷是基于先导研究的访谈提纲及成果而设计的，包括中小学英语教研员填写的关于自己工作状况的问卷和中小学英语教师填写的关于教研员工作状况的问卷。根据两份问卷的测试结果对问卷进行了修订，然后在网上发放问卷，通过滚雪球式发动全国七大区（华北、华南、华东、华中、西北、西南、东北地区）的教研员参加问卷调研，开展对中小学英语教研员状况的匿名调研。问卷由基本信息和教研员工作现状两部分组成。其中工作现状调查部分有九个题干，涵盖英语教研员的角色与职责，教研员的日常工作内容与方式，教研员的工作业绩评价，个人专业素养满意度，工作中面临的困难与挑战，教研员参加培训情况等（具体内容参见附录1）。

（二）数据录入与分析

问卷调查结束后，研究人员对数据进行录入和分析。数据统计主要采用 Microsoft Excel 和 SPSS 两款软件，对数据进行了描述性统计和推断性统计。描述性统计旨在揭示中小学英语教研员的基本现状，以事实呈现的方式揭示其全貌。描述性统计数值主要包括频数、百分比、均值及标准差；推断性统计主要涉及多因素方差分析，旨在进一步挖掘这些事实背后的相关影响因素，为今后具体事件的改进提供针对性建议。

（三）研究对象

共有 332 名中小学英语教研员参加了本次大规模调查。其中，专职教研员为 306 名（92.2%），兼职研究员为 26 名（7.8%）。72% 的教研员分布在中国的华东（36%）、东北（19%）和华中（17%）三大片区。其余教研员分布在西北（12%）、华北（11%）、西南（4%）和华南（1%）片区。就研究对象的省、市分布而言，他们主要来自江苏省（32.53%）、吉林省（18.67%）、湖北省（10.24%）及北京市（9.64%），其余 28.92% 的教研员分别来自河南省（6.33%）、甘肃省（5.42%）、宁夏回族自治区、山东省、西藏自治区、青海省、新疆维吾尔自治区、浙江省、广东省、河北省、四川省、云南省、湖南省和重庆市。广阔的地域分布能增强数据的客观性和代表性。表 3-1 概括了参加本次问卷调查的中小学英语教研员的背景信息（如年龄、教龄、任教研员年限、学历等）。

如表 3-1 所示，参加调查的以女教研员为主（63.25%）；约 55.72% 的教研员的年龄处于 41~50 岁阶段，而 31~40 岁阶段占 28.60%；约 75.30% 的教研员拥有 16~35 年教龄，19.58% 的教研员拥有 6~15 年教龄；教研员从事教研工作年限以 6~15 年居多（45.18%），其次是 5 年及以下（37.65%）；教研员的最高学历以本科为主（80.42%），硕士学历仅占 16.57%。另外，大部分英语教研员出身于英语专业（80.73%），非英语专业的教研员约占 19.27%。

表3-1 中小学英语教研员的背景信息

类别						
性别	男 36.75%	女 63.25%				
年龄①	≤30岁 3.01%	31~35岁 9.64%	36~40岁 18.96%	41~45岁 27.11%	46~50岁 28.61%	≥51岁 12.65%
教龄②	≤5年 2.11%	6~15年 19.58%	16~25年 44.58%	26~35年 30.72%	36~45年 2.11%	≥46年 0.90%
任教研员时长③	≤5年 37.65%	6~15年 45.18%	16~25年 12.95%	26~35年 3.92%	≥36年 0.30%	
最后学历	大专 3.01%	本科 80.42%	硕士 16.57%	博士 0		
专业④	英语师范 31.93%	英语非师范 48.80%				
身份	小学教研员 28%	初中教研员 45%	高中教研员 27%			

① 最小年龄为23岁，最大年龄为60岁。
② 最小教龄为0年，最大教龄为48年。
③ 开始任教研员时间为0年，最长为48年。
④ 其余为非英语专业，占19.27%。

33

其中，师范类英语专业毕业的教研员约占 31.93%，非师范类英语专业毕业的教研员约占 48.40%。参加本次研究的初中教研员居多（45%），小学教研员和高中教研员数量相近，分别为 28% 和 27%。总之，参与此次问卷调查的英语教研员教学经验丰富，担任教研员的工作时间长，具有一定的代表性；英语教研员的学历水平都在大专以上，专业背景绝大多数与教研工作对口，比较真实地反映了英语教研员的工作现状；英语教研员群体包括了三个学段的教研员，即小学英语教研员、初中英语教研员和高中英语教研员，比较全面地反映了我国中小学英语教研员的群体现状。

参加本次调查的专职英语教研员中，如表 3-2 所示，男专职英语教员共有 113 名；女专职英语教研员共有 193 名；且主要分布在华东片区（115 名，约占 38%）。相对而言，西北、西南、华南片区教研员所占比例较小。

表 3-2　男、女英语教研员在中国七大片区的兼职/专职情况分布（人数）

	兼职/专职	华东	东北	华中	西北	华北	西南	华南
男教研员	兼职	2	–	–	4	–	3	–
	专职	54	9	24	16	6	4	
女教研员	兼职	4	3	2	6	0	1	1
	专职	61	50	30	15	29	6	2

注："–"表示人数为 0，下同。

表 3-3 概括了参加本次调研的专职英语教研员的年龄分布情况。专职英语教研员中，年龄段主要处于 41~50 岁，占总人数的

56.21%；36～40 岁的人数比例为 17.97%。就片区而言，专职英语教研员多来自华东地区，约占 37.58%。表 3－4 概括了参加本次调研的专职英语教研员的教龄分布情况。专职教研员的教龄主要在 16 ～35 年，约占 77.45%。其中，专职英语教研员多来自华东地区，约占 37.58%。

表 3－3　专职英语教研员在中国七大片区的年龄分布（人数）

	华东	东北	华中	西北	华北	西南	华南	总人数
≤30 岁	1	2	－	2	－	2	－	7
31～35 岁	11	9	3	3	4	1	－	31
36～40 岁	20	13	7	5	7	3	－	55
41～45 岁	35	15	15	5	13	－	1	84
46～50 岁	33	18	17	11	6	3	－	88
≥51 岁	15	2	12	5	5	1	1	41
总人数	115	59	54	31	35	10	2	306

表 3－4　专职英语教研员在中国七大片区的教龄分布（人数）

	华东	东北	华中	西北	华北	西南	华南	总人数
≤5 年	1	－	1	－	2	1	－	5
6～15 年	12	16	10	7	7	3	－	55
16～25 年	48	28	18	10	14	2	1	121
26～35 年	52	14	22	14	9	4	1	116
36～45 年	2	－	2	－	3	－	－	7
≥46 年	－	1	1	－	－	－	－	2
总人数	115	59	54	31	35	10	2	306

表 3－5 和表 3－6 分别概括了专职英语教研员从事教研员工作的时间及学段分布情况。专职英语教研员工龄以 15 年及以下为主，

约占总人数82.68%。其中，专职英语教研员多来自华东地区，约占37.58%，工龄则主要为6～15年。从学段分布看，男英语教研员以初中、高中学段为主，约占86.08%；女英语教研员以小学、初中学段为主，约占80.96%。就片区而言，在华东和西北片区，男英语教研员以高中学段为主；在东北和华中片区，男英语教研员以初中学段为主。相比之下，在华东地区，女性英语教研员以小学学段为主；在东北、华中、西北和华北片区，女性英语教研员以初中学段为主。

表3-5 专职英语教研员在中国七大片区的工龄分布（人数）

	华东	东北	华中	西北	华北	西南	华南	总人数
≤5 年	41	21	14	16	12	5	-	109
6～15 年	65	27	21	12	14	4	1	144
16～25 年	9	8	12	3	8	1	-	41
26～35 年	-	3	6	-	1	-	1	11
≥36 年	-	-	1	-	-	-	-	1
总人数	115	59	54	31	35	10	2	306

表3-6 男女英语教研员在不同片区的学段分布比例（%）

		华东	东北	华中	西北	华北	西南	华南	总比例
男教研员	小学	5.74	1.64	1.64	0.82	1.64	2.46	-	13.94
	初中	18.03	4.92	10.66	5.74	3.28	1.64	-	44.27
	高中	22.13	0.82	7.38	9.84	-	1.64	-	41.81
女教研员	小学	15.24	9.52	2.86	0.95	5.24	2.38	-	36.19
	初中	9.52	11.43	8.10	6.19	8.10	0.95	0.48	44.77
	高中	6.19	4.29	4.29	2.86	0.48	-	0.95	19.06

二、访谈

问卷调查展示了我国中小学英语教研员的现状概貌。为更深入地了解英语教研员现状，我们对部分参加问卷调查的教研员进行了深入访谈，具体了解他们的工作现状、面临的问题与挑战等，并对问卷数据结果进行补充与验证。

（一）英语教研员基本情况

课题组以滚雪球的方法确定参加深度访谈的英语教研员。最终，课题组对 41 名英语教研员进行了深度访谈。受访教研员都具有本科学历，部分有硕士研究生学历，有些有国外学习经历；学习专业都与外语教学相关。这些教研员的教龄和担任教研员的时长跨度很大，教龄最长为 33 年，最短为 2 年。教研员工作时长最短为 1 年，最长为 29 年。所在地区涵盖面广，教研员来自北京 2 人、江苏 2 人、广东 8 人、四川 2 人、新疆 1 人、西藏 1 人、安徽 5 人、湖北 2 人、甘肃 4 人、天津 1 人、山东 1 人、吉林 1 人、云南 11 人，具有较好的代表性。表 3－7 概括了受访教研员的教龄和担任教研员的工龄。受访英语教研员分别来自小学、初中、高中三个学段，有的兼任两个学段的教研员。他们既有县级教研员，也有区级、市级和省级教研员，比较全面地反映了我国目前英语教研员的分布情况。

表3-7 受访教研员信息表

	<3年	3~5年	6~10年	11~15年	16~20年	21~25年	26~30年	>31年	不详
教龄	1人	3人	3人	9人	13人	5人	1	1人	5
担任教研员时间	3人	10人	12人	8人	6人	0	1人	0	1

注：1人未标明任教研员时长；5人未标明任教时长。

(二) 访谈数据收集与分析

针对英语教研员的访谈属于半结构式访谈,该方法是质化研究中常用的一种访谈方式。在访谈之前,根据研究的内容,研究人员事先准备一些指导性的问题,拟定了一份访谈提纲,内容包括英语教研员的职责、日常工作、教研活动、业绩评价标准及其满意度、教研员的角色和作用、工作困难和挑战、自我能力的满意度、培训活动及方式等各个方面。访谈提纲具体内容参见附录2。部分访谈通过面对面的方式进行,部分通过电话方式进行。在正式访谈之前,访谈人员与受访者介绍彼此工作,增进了解,从而拉近与受访者的距离,提高访谈效果。所有访谈在受访者的许可下进行了全程录音。

访谈结束以后,研究人员对访谈内容进行转写。然后,研究人员通读所有的材料,并在此基础上进行初步的编码。随后,根据初步编码的情况进一步编码,研究人员提炼出相关的类别和主题,以备后续分析。该研究的重点在于了解英语教研员的工作现状,了解他们在工作中遇到的困难、挑战以及对培训的需求。访谈文本被分为四个大类,第一类为英语教研员的背景信息,包括教研员的自然状况（性别、年龄、教龄、担任教研员的时长等信息），同时也包括了教研员工作中的重要事件，通过重要事件了解教研员工作中的一些关键信息。同时，该部分也调查了英语教研员从事教研员工作的动机，从而多方面了解英语教研员的背景状况。第二类为英语教研员的日常工作，即英语教研员平时的工作内容以及开展工作的方式。在此基础上，英语教研员的角色与作用、应该具备的素质也放入该类中。最后，该大类也包括英语教研员对自己工作的评价和相应的评价体系相关内容。第三类为英语教研员面临的困难与挑战。第四类是英语教研员期望或指导的培训。该类别既包括英语教研员自身的培训需求，同时也包括作为教研员工作对象的教师以及其他可能会影响英语教研员工作的一些因素。（具体编码分类见附录3）。

第四章　发现与讨论

通过问卷调查和深度访谈，本研究获得了大量的关于英语教研员工作现状多方面的、生动而具体的信息，并对英语教研员的工作内容和方式、英语教研员的专业素养和专业发展途径、在工作中遇到的困难与挑战以及他们的培训需求进行了全面了解。本章从五个方面呈现英语教研员的工作现状，分别是英语教研员的工作内容与方式、英语教研员的角色与作用、英语教研员的工作业绩评价、英语教研员的专业素养与专业发展、英语教研员面临的困难与挑战。

一、英语教研员的工作内容与形式

（一）英语教研员的工作职责

问卷从五个方面对 332 名中小学英语教研员的工作职责进行了调查。如表 4 - 1 所示，英语教研员认为问卷中所提及的五大主要职责（包括提高辖区内英语教师的教学水平、传播新的英语教学理念、推广新的英语教学方法、提高辖区内教师的科研能力、在辖区内组织开展英语教师培训）与他们的日常工作完全符合。70%以上的英语教研员认为五项主要职责中的四项（提高辖区内英语教师的教学水平、传播新的英语教学理念、推广新的英语教学方法、在辖区内组织开展英语教师培训）与他们的日常工作完全符合。55.4%的英语教研员认为"提高辖区内教师的科研能力"也是其主要工作职责。

表4-1 中小学英语教研员的主要工作职责

维度	题项	1（%）	2（%）	3（%）	4（%）	均值	标准差
主要职责	（1）提高辖区内英语教师的教学水平	0.3	2.7	20.8	76.2	3.73	0.52
	（2）传播新的英语教学理念	0	1.5	24.4	74.1	3.73	0.48
	（3）推广新的英语教学方法	0	0.7	26.8	70.5	3.68	0.52
	（4）提高辖区内教师的科研能力	0.6	7.5	36.4	55.4	3.47	0.66
	（5）在辖区内组织开展英语教师培训	0.6	3.9	23.8	71.7	3.67	0.58

* 1=完全不符合；2=不太符合；3=基本符合；4=完全符合

结合332名英语教研员的个人背景，通过多因素方差分析，我们发现不同片区和英语教研员类别（兼职/专职）的不同对其主要职责产生影响，且差异显著。此外，学历和毕业院校均对英语教研员"推广新的英语教学方法"的职责（职责3，见表4-2）产生显著影响。

表 4 - 2 片区、教研员类别、学历、毕业院校对主要职责的主效应

维度	题项	片区		教研员类别	
		F 值	P 值	F 值	P 值
主要职责	(1) 提高辖区内英语教师的教学水平	4.298	0.000	5.831	0.016
	(2) 传播新的英语教学理念	3.205	0.005	5.642	0.018
	(3) 推广新的英语教学方法	2.493	0.023	5.311	0.022
	(4) 提高辖区内教师的科研能力	4.429	0.000	5.478	0.020
	(5) 在辖区内组织开展英语教师培训	3.941	0.001	16.857	0.000
维度	题项	学历		毕业院校	
		F 值	P 值	F 值	P 值
主要职责	(3) 推广新的英语教学方法	4.105	0.018	6.898	0.009

具体而言，如表 4 - 3 所示，问卷调查结果显示英语教研员的日常工作主要包括教学研究（如为辖区内教师做教材分析，为辖区内教师做专题讲座，请专家来辖区做讲座，组织并指导集体备课/说课，组织并指导公开课、观摩课、研究课），考试研究［如研究考试并出题（如统考、模拟考试等），分析、评价考试结果］，调查研究（如到辖区内各学校听课），组织教师参加各种评比（如组织教学基本功比赛、组织教师辅导辖区内教师参加各级各类学科竞赛、组织教学论文评比等）。有些英语教研员的日常工作还包括"制订辖区内教师进修、发展规划"（35.5%）和"组织申请教学研究项目"（43.4%）。每位英语教研员通常根据本区英语教学实际情况对各项工作的侧重有所不同。通过听课、平时考试等反馈回来的信息，英语教研员能发现辖区教师教学中的薄弱环节，从而设计相关教学研究或教师培训活动。

表4-3 英语教研员日常工作调查

维度	题项	1 (%)	2 (%)	3 (%)	4 (%)	平均值	标准差
日常工作	（1）为辖区内教师做教材分析	1.5	8.4	28.6	61.4	3.50	0.71
	（2）为辖区内教师做专题讲座	2.4	7.5	24.1	66	3.54	0.74
	（3）组织并指导集体备课/说课	0.9	4.2	26.5	68..4	3.62	0.61
	（4）组织并指导公开课/观摩课/研究课	0.3	2.4	15.1	82.2	3.79	0.48
	（5）到辖区内各学校听课	0.9	0.6	13.0	85.5	3.83	0.46
	（6）组织教师基本功比赛	0.3	4.8	18.4	76.5	3.71	0.57
	（7）辅导辖区内教师参加各级各类学科竞赛	1.5	6.9	22.3	69.3	3.59	0.69
	（8）研究考试并出题（如统考、模拟考试等）	2.4	4.2	16.0	77.4	3.68	0.67
	（9）分析、评价考试结果	0.6	3.3	19.6	76.5	3.72	0.55
	（10）请专家来辖区做讲座	4.5	12.7	29.2	53.6	3.32	0.86
	（11）制订辖区内教师进修、发展规划	8.1	22.6	33.7	35.5	2.97	0.95
	（12）组织教学论文评比	3.6	12.7	23.8	59.9	3.40	0.84
	（13）参加评比工作（如基本功）	1.8	6.0	24.4	67.8	3.58	0.69
	（14）组织申请教学研究项目	5.1	16.3	35.2	43.4	3.17	0.88

* 1＝完全不符合；2＝不太符合；3＝基本符合；4＝完全符合

访谈结果与问卷调查结果一致。英语教研员的主要日常工作包括定期到辖区内听课，组织并指导公开课、观摩课、研究课，组织教师基本功比赛，组织教师参加各级各类比赛，出题考试等。

　　教研工作，以我个人为例，目前我的工作有以下几部分。第一，是我的教研工作，教研包括对教师的教学情况进行了解。第二，我还负责考研，如初三这个毕业年级。即使非毕业年级，整个海淀区也会有统一考试。第三，考试命题的组织，包括命题本身也是由我负责，即教研与考研相结合。（访谈北京初中英语教研员）

　　首先，就是常规的教研工作，如视导便是我们常态的工作之一；其次我们要进行对期末试卷的评价、制作、评估等；最后，我们还负责从国家到省级、地级市的相关教研活动。（访谈湖北县级小学英语教研员）

集体备课是英语教研员教研活动中的重要内容，也是教师们感觉最具实际效果的活动。例如，由于高中课程改革，有些教师对课程理念可能不是很清楚，如果老师单靠自己或本校备课组进行备课，工作量将会很大。另外，老师可能不清楚每节课或单元的重点。我们访谈的英语教研员一致指出他们通过组织集体备课来减轻老师们的备课负担。例如，北京地区的英语教研员通常在开学前给所管辖的学校分配备课任务。通常是一个学校负责一个单元，设计教学方案。每个单元由两个不同层次学校（示范校和非示范校）同时准备，然后在全区开展教研活动时，两个学校的老师分别讲解某单元的教学设计。这样全区老师可以听到两种不同方案，再根据自己的情况进行整理选择。

我会尽量帮助教师排忧解难。例如，尽量给教师减轻备课压力，提供资源共享。如果都让教师去备课，他没有那么多精力。资源共享确实也能为教师提供一些方案，为教师减轻负担。我会尽量为教师做一些有实效性的事情，让他觉得不虚此行。（访谈北京高中英语教研员）

研究课也是教师比较喜欢的教研活动。研究课通常有一个主题（如语法课怎么上），主要展示如何在课堂上体现新的教学理念。但是，由于学校层次不一，英语教研员一般组织教师分组听课，即示范校组听课和非示范校组听课。示范校组的教师必须参加示范校组的研究课，但可以自愿参加非示范校组的研究课。非示范校组的教师必须参加非示范校组的研究课。研究课活动也是一种为促进教师教育发展而组织的教学交流活动。

从工作的主要内容来看，首先，我们要做自己的研究，研究是个体行为。其次，我们一个重要的工作便是指导工作，其包括以下几个方面：第一，到一线教师学校去听课；第二，做送课下乡；第三，培养优秀教师。例如，我们会对一些比较优秀的教师进一步培养，指导他们做得更优秀。最后，我们在服务的过程当中，最重要的是搭建一个平台，其中也包含指导的含义。（访谈湖北省级英语教研员）

另外，英语教研员还要根据教育方针和教育法规对中小学校执行课程纲要、课程标准和使用教材、教学检测等情况进行有效监督，对英语学科教学的全过程进行有效的指导和管理，对英语学科教学质量及其考试检测情况进行监控和指导，并协助区或市教委对辖区内英语师资结构进行调查和分析等。为了提升教学质量，英语教研员会组织辖区内的英语教师进行课堂教学竞赛，参与市/区级网络课堂或微课活动等。

> 2001 年，针对小学（英语教学），我国没有统一的教育大纲。目前对这个小学英语应该怎么开设的问题，并未给予起重视。我们（地区）有些地方开设，有些地方没有开设；有从一年级开设的，也有从三年级才开设的，参差不齐。我为统一地规范小学英语课做了一些努力，这是让我感到很自豪的一件事情。（访谈新疆市级英语教研员）

除了常规工作，英语教研员还需要参与当地教育局安排的诸如验收、考核等工作。例如，一位英语教研员指出，"本人为县级教研员，工作单位县教研室隶属于县教育局，所以会参与很多教育局随时安排的工作"。同时，英语教研员还需要协助人事科和师培科进行名师评选、名师考核、职称评定、召开研讨会、分享教研成果（如"组织学科教研会"）。但是，由于英语教研员对学生考试、教学评价的内容、形式等没有决定权，英语教研员的工作开展也相应受到制约。例如，一位英语教研员在访谈中指出：

我们市对学生的考试、评价完全由主管领导决定，与教研员无关。试卷从外省统一购买，教研员无权决定试卷内容。至于教师的发展、规划、培训，请专家讲座等更与教研员无关，全由主管领导决定。（访谈安徽省级中学英语教研员）

总之，英语教研员的工作以教学研究和考试研究为主，体现在听课、评课、考试出题等日常工作之中。首先，每学期英语教研员都要去所管辖学校听课。尽管各地对英语教研员听课要求不同，且有些地区并无具体规定，但基本上所有英语教研员都会根据自身情况有计划地去听课。通过听课，英语教研员可以更加全面地了解英语教师的水平、问题和困难，从而更有针对性地帮助英语教师解决问题，提高业务水平。其次，通过听课、平时考试等反馈回来的信息，英语教研员能发现辖区英语教师教学中的薄弱环节，从而组织有针对性的英语教学研讨，设计相关英语教师培训专题。再次，为了更好地落实新课标理念，英语教研员组织辖区英语教师解析新课标，分析教材和教学设计，并通过集体备课、示范课等帮助英语教师思考如何在日常英语教学中贯彻新课标理念。最后，英语教研员要结合国家考试新政策，为辖区学校的关键考试（如期中、期末、区统考）出题，并进行考试结果分析工作，从而反馈英语教学。

结合332名英语教研员的个人背景，通过多变量主体效应检测，我们发现不同片区和英语教研员类别（兼职/专职）能对"日常工作"产生影响（见表4-5）。此外，其他个人背景因素，如年龄、英语教研员指导学段、职称及毕业院校也对英语教研员的部分日常工作存在主效应（见表4-6）。这说明这些因素在一定程度上均对英语教研员的"日常工作"产生影响。

表4-5 片区、英语教研员类别对日常工作的主效应

维度	题项	片区		教研员类别	
		F值	P值	F值	P值
日常工作	（1）为辖区内教师做教材分析	4.155	0.001	11.209	0.001
	（2）为辖区内教师做专题讲座	5.232	0.000	19.326	0.000
	（3）组织并指导集体备课/说课	3.289	0.004	2.640	0.105
	（4）组织并指导公开课/观摩课/研究课	2.992	0.008	10.759	0.001
	（5）到辖区内各学校听课	4.455	0.000	13.167	0.000
	（6）组织教师基本功比赛	4.397	0.000	22.495	0.000
	（7）辅导辖区内教师参加各级各类学科竞赛	2.248	0.039	14.477	0.000
	（8）研究考试并出题（如统考、模拟考试等）	5.000	0.000	10.104	0.002
	（9）分析、评价考试结果	3.923	0.001	26.292	0.000
	（10）请专家来辖区做讲座	3.555	0.002	19.701	0.000
	（11）制订辖区内教师进修、发展规划	5.129	0.000	5.370	0.021
	（12）组织教学论文评比	3.382	0.003	10.547	0.001
	（13）参加评比工作（如教学论文、基本功）	2.980	0.008	11.933	0.001
	（14）组织申请教学研究项目	1.288	0.263	17.184	0.000

注：其中片区对"组织申请教学研究项目"不存在主效应；教研员类别对"组织并指导集体备课/说课"不存在主效应，因其P值大于0.05。

表 4-6　年龄、英语教研员指导学段、职称及毕业院校对部分日常工作的主效应

题项	年龄	
	F 值	P 值
（13）参加评比工作（如教学论文、基本功）	2.242	0.050
（14）组织申请教学研究项目	2.385	0.039
	教研员级别	
	F 值	P 值
（10）请专家来辖区做讲座	3.499	0.032
	职称	
	F 值	P 值
（9）分析、评价考试结果	2.906	0.014
	毕业院校	
	F 值	P 值
（4）组织并指导公开课/观摩课/研究课	3.895	0.049
（9）分析、评价考试结果	5.570	0.019

调查结果显示（见表 4-2 和表 4-5）英语教研员工作片区的不同对其主要职责以及日常工作产生影响，且差异显著。傅禄建指出，不同地区的英语教研工作要根据当地的具体情况进行定位（李丽桦、张肇丰，2009）。一位甘肃的小学英语教研员在访谈中指出：

　　我觉得最不满意的是，我有时候做工作想再做得深入一点儿，具体一点儿，但是没有机遇，因此不能全身心地投入工作，不能真正地把兰州市各个片区的小学英语教研活动抓起来。而且有些偏僻的地方，我们还要负责农村的三县一区，即兰州市周边的农村县区，更加参差不齐。只能我们高高在上地讲一些（没

有联系实际的内容），缺乏对当地的（如农村、城乡接合部）教师的指导……每年他们来跟城区的老师一起参赛的时候，可以看出教师们之间的差距还是比较大，无论是在理念上，还是在教学方式上，差距都相当大。从我们两年一次的教学比赛上看，周边县区的和我们主城区的教师们按照获奖比例相比，周边县区的教师根本挤不进这个圈子。（访谈甘肃小学英语教研员）

从上述访谈内容可以看出，就某个地区乃至全国，农村和城市的教研工作重点和职能分工上存在一定的区别。由于各方面因素的影响，英语教研员也很难平衡城市和乡镇地区的英语教研工作。此外，我们也发现英语教研员类别（兼职/专职）也对其主要职责以及日常工作产生影响，影响原因仍有待进一步考察。

（二）英语教研员的工作形式

我国中小学教研活动先后经历了创设与借鉴、定型与制度化、停滞与偏离、重建与初步拓展、继承与创新五个阶段（龚兴英，2015）。为进一步了解英语教研员的工作内容与形式，我们对英语教研员投入精力最多的、最重要的、未来需要加强及最感兴趣的教研活动形式分别进行调查，结果如表4-7和表4-11所示。

1. 英语教研员投入精力最多的教研活动

如表4-7所示，332名英语教研员投入精力最多的三项教研活动分别是到辖区内各学校听课（76.2%）、组织并指导公开课、观摩课、研究课（58.1%）、以及研究考试并出题（如统考、模拟考试等）（55.1%）。此外，31%的英语教研员认为他们在"组织并指导集体备课、说课"中投入精力较多。

表4-7 投入精力最多的教研活动（用下画线标出）

题项	人数统计（频数＋比例）	具体分布		
		1	2	3
（1）为辖区内教师做教材分析	59（17.8%）	24（7.2%）	14（4.2%）	21（6.3%）
（2）为辖区内教师做专题讲座	60（18.1%）	17（5.1%）	10（3.0%）	33（9.9%）
（3）组织并指导集体备课/说课	103（31.0%）	30（9.0%）	41（12.3%）	32（9.6%）
（4）组织并指导公开课/观摩课/研究课	193（58.1%）	48（14.5%）	88（26.5%）	57（17.2%）
（5）到辖区内各学校听课	253（76.2%）	160（48.2%）	67（20.2%）	26（7.8%）
（6）组织教师基本功比赛	30（9.0%）	3（0.9%）	12（3.6%）	15（4.5%）
（7）辅导辖区内教师参加各级各类学科竞赛	23（6.9%）	1（0.3%）	8（2.4%）	14（4.2%）
（8）研究考试并出题（如统考、模拟考试等）	183（55.1%）	37（11.1%）	69（20.8%）	77（23.2%）
（9）分析、评价考试结果	36（10.8%）	0	9（2.7%）	27（8.1%）
（10）请专家来辖区做讲座	11（3.3%）	3（0.9%）	3（0.9%）	5（1.5%）

题项	人数统计 （频数＋比例）	具体分布		
		1	2	3
（11）制定辖区内教师进修、发展规划	10（3%）	4（1.2%）	4（1.2%）	2（0.6%）
（12）组织教学论文评比	9（2.7%）	3（0.9%）	1（0.3%）	5（1.5%）
（13）参加评比工作（如教学论文、基本功）	15（4.5%）	1（0.3%）	3（0.9%）	11（3.3%）
（14）组织申请教学研究项目	11（3.3%）	1（0.3%）	3（0.9%）	7（2.1%）

＊1＝最高；2＝第二；3＝第三

2. 英语教研员认为最重要的教研活动

如表4-8所示，英语教研员认为最重要的三项教研活动依次是组织并指导公开课、观摩课、研究课（49.4%）；到辖区内各学校听课（48.8%）；组织并指导集体备课、说课（42.5%）。此外，有部分英语教研员认为为辖区内教师做教材分析（34.3%）和研究考试并出题（如统考、模拟考试等）（31%）也比较重要。

表4-8 最重要的教研活动（用下画线标出）

题项	人数统计 （频数＋比例）	具体分布		
		1	2	3
（1）为辖区内教师做教材分析	114（34.3%）	56（16.9%）	33（9.9%）	25（7.5%）
（2）为辖区内教师做专题讲座	85（25.6%）	27（8.1%）	29（8.7%）	29（8.7%）

续表

题项	人数统计（频数＋比例）	具体分布		
		1	2	3
（3）组织并指导集体备课/说课	141（42.5%）	51（15.4%）	55（16.6%）	35（10.5%）
（4）组织并指导公开课/观摩课/研究课	164（49.4%）	47（14.2%）	62（18.7%）	55（16.6%）
（5）到辖区内各学校听课	162（48.8%）	70（21.1%）	53（16.0%）	39（11.7%）
（6）组织教师基本功比赛	32（9.6%）	6（1.8%）	10（3.0%）	16（4.8%）
（7）辅导辖区内教师参加各级各类学科竞赛	8（2.4%）	0	3（0.9%）	5（1.5%）
（8）研究考试并出题（如统考、模拟考试等）	103（31%）	18（5.4%）	36（10.8%）	49（14.8%）
（9）分析、评价考试结果	35（10.5%）	1（0.3%）	11（3.3%）	23（6.9%）
（10）请专家来辖区做讲座	33（9.9%）	7（2.1%）	12（3.6%）	14（4.2%）
（11）制定辖区内教师进修、发展规划	70（21.1%）	39（11.7%）	13（3.9%）	18（5.4%）
（12）组织教学论文评比	1（0.3%）	0	0	1（0.3%）

续表

题项	人数统计 （频数＋比例）	具体分布		
		1	2	3
（13）参加评比工作 （如教学论文、基本 功）	5（1.5%）	0	1（0.3%）	4（1.2%）
（14）组织申请教学 研究项目	43（13.0%）	10（3.0%）	14（4.2%）	19（5.7%）

＊1＝最高；2＝第二；3＝第三

3. 英语教研员认为未来需要加强的教研活动

如表 4 – 9 所示，按照由高到低的顺序，英语教研员认为未来需要加强的三项教研活动依次是制订辖区内教师进修、发展规划（45.5%）；组织申请教学研究项目（45.5%）；请专家来辖区做讲座（33.4%）。此外，部分英语教研员认为为辖区内教师做教材分析（30.7%），为辖区内教师做专题讲座（28.9%），组织并指导集体备课、说课（26.8%）也有待进一步加强。

表 4 – 9　未来需要加强的教研活动（用下画线标出）

题项	人数统计 （频数＋比例）	具体分布		
		1	2	3
（1）为辖区内教师 做教材分析	102（30.7%）	52（15.7%）	27（8.1%）	23（6.9%）
（2）为辖区内教师 做专题讲座	96（28.9%）	42（12.7%）	36（10.8%）	18（5.4%）
（3）组织并指导集 体备课/说课	89（26.8%）	28（8.4%）	34（10.2%）	27（8.1%）

题项	人数统计（频数＋比例）	具体分布		
		1	2	3
（4）组织并指导公开课/观摩课/研究课	60（18.1%）	15（4.5%）	18（5.4%）	27（8.1%）
（5）到辖区内各学校听课	33（9.9%）	7（2.1%）	15（4.5%）	11（3.3%）
（6）组织教师基本功比赛	54（16.3%）	18（5.4%）	19（5.7%）	17（5.1%）
（7）辅导辖区内教师参加各级各类学科竞赛	17（5.1%）	4（1.2%）	6（1.8%）	7（2.1%）
（8）研究考试并出题（如统考、模拟考试等）	64（19.3%）	16（4.8%）	25（7.5%）	23（6.9%）
（9）分析、评价考试结果	48（14.5%）	8（2.4%）	16（4.8%）	24（7.2%）
（10）请专家来辖区做讲座	111（33.4%）	26（7.8%）	37（11.1%）	48（14.5%）
（11）制订辖区内教师进修、发展规划	151（45.5%）	65（19.6%）	49（14.8%）	37（11.1%）
（12）组织教学论文评比	13（3.9%）	1（0.3%）	6（1.8%）	6（1.8%）
（13）参加评比工作（如教学论文、基本功）	7（2.1%）	1（0.3%）	1（0.3%）	5（1.5%）
（14）组织申请教学研究项目	151（45.5%）	49（14.8%）	43（13.0%）	59（17.8%）

＊1＝最高；2＝第二；3＝第三

4. 英语教研员最感兴趣的教研活动

如表 4 - 10 所示，按照由高到低的顺序，英语教研员最感兴趣的三项教研活动依次是组织并指导公开课、观摩课、研究课（59.9%）；为辖区内教师做教材分析（38.3%）；组织并指导集体备课、说课（35.8%）。此外，部分英语教研员对请专家来辖区做讲座（28.3%）和为辖区内教师做专题讲座（24.7%）感兴趣。

表 4 - 10 最感兴趣的教研活动（用下画线标出）

题项	人数统计（频数 + 比例）	具体分布		
		1	2	3
（1）为辖区内教师做教材分析	127（38.3%）	66（19.9%）	30（9.0%）	31（9.3%）
（2）为辖区内教师做专题讲座	82（24.7%）	22（6.6%）	37（11.1%）	23（6.9%）
（3）组织并指导集体备课/说课	119（35.8%）	37（11.1%）	50（15.1%）	32（9.6%）
（4）组织并指导公开课/观摩课/研究课	199（59.9%）	94（28.3%）	56（16.9%）	49（14.8%）
（5）到辖区内各学校听课	56（16.9%）	22（6.6%）	23（6.9%）	11（3.3%）
（6）组织教师基本功比赛	59（17.8%）	10（3.0%）	26（7.8%）	23（6.9%）
（7）辅导辖区内教师参加各级各类学科竞赛	39（11.7%）	3（0.9%）	15（4.5%）	21（6.3%）

题项	人数统计 （频数＋比例）	具体分布		
		1	2	3
（8）研究考试并出题（如统考、模拟考试等）	48（14.5%）	11（3.3%）	16（4.8%）	21（6.3%）
（9）分析、评价考试结果	47（14.2%）	8（2.4%）	9（2.7%）	30（9.0%）
（10）请专家来辖区做讲座	94（28.3%）	29（8.7%）	31（9.3%）	34（10.2%）
（11）制订辖区内教师进修、发展规划	38（11.4%）	14（4.2%）	9（2.7%）	15（4.5%）
（12）组织教学论文评比	29（8.7%）	5（1.5%）	10（3.0%）	14（4.2%）
（13）参加评比工作（如教学论文、基本功）	22（6.6%）	4（1.2%）	7（2.1%）	11（3.3%）
（14）组织申请教学研究项目	37（11.1%）	7（2.1%）	13（3.9%）	17（5.1%）

＊1＝最高；2＝第二；3＝第三

表4-11 展示了英语教研员认为投入精力最多的三项，最重要的三项，未来需要加强的三项，以及最感兴趣的三项教研活动。表4-11 以及表4-7、4-8、4-9、4-10 显示，组织并指导公开课、观摩课、研究课既是英语教研员投入精力最多，又是英语教研员认为最重要，并且最感兴趣的教研活动；组织并指导集体备课、说课是英语教研员认为最重要，也是他们最感兴趣的教研形式；到辖区

内各学校听课是英语教研员认为最重要、投入精力最多的工作内容。

表4－11 投入精力最多、最重要、未来需要加强和最感兴趣的三项教研活动

维度	题项①	平均值	标准差
投入精力最多的三项教研活动	（4）组织并指导公开课/观摩课/研究课	2.05	0.74
	（5）到辖区内各学校听课	1.47	0.68
	（8）研究考试并出题（如统考、模拟考试等）	2.22	0.76
最重要的三项教研活动	（3）组织并指导集体备课/说课	1.89	0.78
	（4）组织并指导公开课/观摩课/研究课	2.05	0.79
	（5）到辖区内各学校听课	1.81	0.80
未来需要加强的三项教研活动	（10）请专家来辖区做讲座	2.20	0.80
	（11）制订辖区内教师进修、发展规划	1.81	0.80
	（14）组织申请教学研究项目	2.07	0.85
最感兴趣的三项教研活动	（1）为辖区内教师做教材分析	1.72	0.83
	（3）组织并指导集体备课/说课	1.96	0.76
	（4）组织并指导公开课/观摩课/研究课	1.77	0.82

　　英语教研员组织的教研活动主要以教学研讨会、实践观摩、主题阅读、开办教学相关主题讲座、联合教研、开展教学竞赛的方式展开。这些形式效果较好，参与教师也比较喜欢。教学研讨会通常以主题形式展开，主题可以是某个教学环节、某个新的教学方法、某个教学难点等。通过研讨，解决这些教学中的实际问题。英语教研员会定期组织英语教师观摩示范课，课后进行点评，与英语教师探讨示范课各个教学环节的优缺点和改进方式；通过示范课也可以

---

① 题项中的序号是对应问卷中的题项，下同。

起到传达引领新的教育理念的作用。此外，开展教学竞赛也是促进英语教师互相交流学习的有效方式。谈到工作形式，一位北京初中英语教研员在访谈中指出：

> 一个是大面积的讲座式的，或者教材教法分析的；另一个就是观摩实践课的。还有一种，就是我会带着中心组的教师一起来，如主题阅读，就是我带着老师。这是我最初的一个想法。从它的理论支持、实际操作的层面，我有一个构想。但有这个构想之后，我不能一个人来做，所以我一般会把这个想法跟中心组的教师进行交流，然后大家再来讨论和完善。当然对于这个具体的实践，可能我就需要在全区范围内进行示范，我拿案例的时候，教师们会按照不同的主题来具体做。然后我们开始交流，最后跟全区的教师进行一个全体的交流。全体交流之后，我们还会把主题阅读这个理念再以研究课的形式拿出来，教师们一块儿去观摩课，观摩课之后再来研讨。比如这一次有什么问题，那么下一次还会有一个后续跟进式的研究课，再来推进，大概就是这几种。（访谈北京初中英语教研员）

此外，片区的联合教研也是重要的教研活动，该活动对英语教师教学水平的提升以及区域英语教学质量的提高比较有效。

> 我们现在各片区的学校也会组织这样一些活动。就是几个学校联合的教研，联合教研基本上就是一种竞赛的方式，年轻

教师上研究课这种形式我们参与得比较多。参与的方式也是听课，我们的主要任务就是点评。点评的时候，因为它的涉及面比较广，比如，十个学校、八个学校，由三位教师来上课，那么参与点评听课的就是七八十位教师。这种活动可能比较受教师们的欢迎，因为相当于他们希望通过上课，通过点评，能够结合理论以及教师的实践操作，给一些有益的指导。（访谈甘肃省级中学英语教研员）

问卷调查和访谈数据均显示，英语教研员的主要职责和日常工作多侧重对基础阶段英语教学设计与实施的指导，英语教师关于教材教法以及新课程理念的培训，基础英语教学的监控与评价等层面。英语教研员具有较强的服务意识和服务能力，他们能够基于英语教学改革和英语教师发展需求策划、设计、实施、评价教研活动。正如梁威、李小红、卢立涛（2016）指出，教研员能够利用多种形式指导教师的教学改进。整体而言，我们发现英语教研员的工作内容具有重研教、弱研师、轻研学的倾向。

表4-7至表4-11显示，"请专家来辖区做讲座""制订辖区内教师进修、发展规划"以及"组织申请教学研究项目"是英语教研员认为未来需要加强的工作内容。表4-3的结果也显示上述三项在教师日常工作内容中排在后三位。这三项内容聚焦在研究以及教师专业发展方面。2001年《基础教育课程改革纲要（试行）》指出，中小学教研机构要把基础教育课程改革作为中心工作，充分发挥教学研究、指导和服务等作用。我们的研究显示，英语教研员目前的

工作焦点是学科教学，他们少有提及"研究"。令人欣喜的是，尽管英语教研员将自己的专业事务聚焦在学科教学领域，鲜有提及研究，但他们已经意识到研究以及教师专业发展是其今后工作需要加强的方向。如何强化英语教研员的"研究"意识及其"研究"能力，使其充分发挥"研究、指导、服务"的三重作用是我们需要进一步思考的问题。此外，英语教研员在组织集体备课、指导公开课等活动中必须充分利用其实践经验和智慧，如何催生英语教研员的表达活力，将他们的实践智慧、缄默知识"成果化""物化"也是提升英语教研员研究能力的重要内容。

问卷结果和访谈数据显示，英语教研员的工作聚焦在英语学科教学领域，鲜少提及在课程建设、课程资源开发等方面的关注。宋萑（2012）的研究结果显示，虽然政策层面赋予教研员多重职能，但是英语教研员并未将开发地方课程、指导校本课程等职责视为其责任，很多职能在实际中被悬置。本研究也从不同角度验证上述结果，即英语教研员的职能并没有向多元化转变。

访谈中，我们发现英语教研员在指导、服务方面的关注主要体现在对英语教师进行基本功培训、对英语教学进行答疑、编撰英语教学资料、参加英语教学集体备课等方面，并没有从学生的英语学习动机、行为习惯、方法策略等方面反观英语教学中的问题。英语教研员工作中更多关注"教师的教"，较少关注"学生的学"。梁威、李小红、卢立涛（2016）指出，过去我们主要关注如何教，教研活动注重教师的教学语言、教学流程、教学方法等。然而，学生是课程的直接体验者，学校教学是以学生发展为本。教学要强调学生的亲身体验，重视其获得知识和能力的方法（潘涌、朱嬉，2010），注重如何在保持现有教研的优势上，加强对学习者的研究，关注学生的学习心理、学习方法与策略、学生的认知情感等因素，关注不同学生的多元智能，促进学生个性化发展。

尽管英语教研员开展的教研活动形式多样，但以集体的、制度性的教研活动为主，如说课、评课、赛课等；缺乏引导教师自我反思的自主性教研活动，如教师的课后自我反思，撰写教学随笔等。现有研究显示，自主性教研活动比制度性教研活动更能促进教师的专业发展（龚兴英，2015）。英语教研员应结合所在地区的教师特点，有意识地培养英语教师的反思能力。

二、英语教研员的角色与作用

本研究对英语教研员在外语教学中所扮演的角色和所起的作用进行了问卷调查。表 4 - 12 显示，英语教研员认为他们在不同程度上扮演了问卷中列出的角色。其中主要扮演的角色是：教研员应该是本地基础英语教育的引领者；教研员应该是本地基础英语教师专业发展的促进者；教研员应该是本地基础英语课程改革的推进者。针对选项"教研员很难影响辖区内教师的教学理念；教研员很难影响辖区内教师的教学方法；教研员的工作与本地基础英语教育质量之间没有直接关系"，40%以上的英语教研员对上述说法表示不太同意。英语教研员对当地英语教学理念、教学方法和教育质量的改进和提升做出了一定的贡献。

表 4 – 12　英语教研员的角色和作用

题项	均值	标准差	具体分布（频数＋比例）			
			1	2	3	4
（1）教研员应该是本地基础英语教育的引领者	1.13	0.34	289（87%）	43（13%）	0	0
（2）教研员应该是本地基础英语教师专业发展的促进者	1.13	0.34	289（87%）	43（13%）	0	0
（3）教研员应该是本地基础英语课程改革的推进者	1.19	0.45	277（83.4%）	47（14.2%）	8（2.4%）	0
（4）教研员很难影响辖区内教师的教学理念	2.55	0.59	55（16.6%）	90（27.1%）	135（40.7%）	52（15.7%）
（5）教研员很难影响辖区内教师的教学方法	2.61	0.91	43（13%）	98（29.5%）	138（41.6%）	53（16%）
（6）教研员的工作与本地基础英语教育质量之间没有直接关系	2.91	0.94	34（10.2%）	61（18.4%）	137（41.3%）	100（30.1%）

＊1＝完全同意；2＝基本同意；3＝不太同意；4＝完全不同意

此外，结合 332 名英语教研员的个人背景，通过多变量主体效应检测，我们发现不同的片区和教龄能对英语教研员的角色及作用产生主效应（见表 4 – 13）。这说明片区和教龄能对英语教研员的角色及作用产生影响。

表4-13　片区和教龄对英语教研员的角色及作用的主效应

题项	片区	
	F 值	P 值
（2）教研员应该是本地基础英语教师专业发展的促进者	2.484	0.023
	教龄	
	F 值	P 值
（1）教研员应该是本地基础英语教育的引领者	4.298	0.001
（2）教研员应该是本地基础英语教师专业发展的促进者	2.428	0.036
（3）教研员应该是本地基础英语课程改革的推进者	2.546	0.028

从宏观层面而言，英语教研员是落实、细化、实践地区教育政策的执行人。各地区教育行政单位的政策指令，需要通过英语教研员帮助、指导英语教师在实际的教育教学工作中开展和落实，从而把政策指令转化为可以实际操作的具体行动，搭建了政策向课堂转化的桥梁。

教研员，我觉得他介于教育行政部门和一些学校之间，相当于一个桥梁。因为教育部，省一级的教育厅，或者市一级、县一级的教育局，会有一些行政的教育政策需要落实，需要把它转化到教学过程中。这就需要教研员这样一种角色来承担这样一个工作。因为有很多东西，政府方面比较宏观，要把它细化，因为教学和教育政策之间还是有一些差距的。那么怎样把政策性的东西转化成可操作性的东西，这就需要教研员来完成。
（访谈江苏省级中学英语教研员）

除了搭建桥梁，英语教研员在理念上对英语教师起到引领作用，在实践上对英语教师起到示范作用。实际情况是英语教研员更多担任了英语教师的教学指导者的角色。

（关于教研员的）作用，我觉得一个是理念（的传递），另外一个可能是具体的实践，甚至包括对教师的发展作用。如教研员说的一句话可能对教师的影响也比较大，对教师除了引领和示范外，对教师的情感也会有一定的影响，包括这个教研员整体做事的风格，就是（教研员）工作的风格可能无形中也会影响教师的工作风格。（访谈北京初中英语教研员）

访谈中，也有英语教研员向我们介绍了缺乏教研员引领带来的后果。

如果没有教研员的引领……如我们的城关区，前后将近七年的时间就没有一个教研员，虽然有兼职教研员，也开展过教育活动，但是属于"南郭先生"，滥竽充数的人比较多，所以效果不是太明显。我觉得还是急需教研员的引领示范作用。像我们的七里河区、安宁区、西固区，他们有教研员的情况下……特别突出的就是七里河区，连续几年的"教学新秀"评比，七里河区教师比赛出来的成绩就要好（一些）。像城关区在我们这里是最好的地方，以前它有教研员的时候，选出来的教师参赛还是非常好的，整体有一个方向，但是现在没有教研员，简直是一盘散沙。（访谈甘肃省级小学英语教研员）

但也有个别英语教研员反映，由于教师教学风格不同，以及自身工作时间尚短、缺乏经验，自己并没有起到什么作用。

没有起坏作用，但是也没有起好作用。我做过两次英语方面的工作，一次是讲单词，还有一次讲了我的教学经验，如有些地方怎么教，学生更容易接受。但是因为每个教师的教学风格都不一样，所以产生的作用不明显。（访谈西藏市级小学英语教研员）

此外，也有英语教研员表示除了教学研究以外，他们对英语教师队伍建设的成效较为满意。访谈数据显示，英语教研员不仅仅是教师教学的指导者、教学水平的鉴定者，也通过帮助新教师、培养在不同领域具有专长的骨干教师等方式，在一定程度上成为教师专业发展的促进者。

我觉得我的作用可能就在（这几方面），一是培养骨干教师；二是帮助年轻教师成长。主要通过两方面发挥这些作用，一个就是通过课堂教学的指导；另一个就是通过教研活动的组

织。在这方面，就是用具体承担任务的方式，手把手地教他们。（访谈新疆市级英语教研员）

　　作为一个教研员，现在我比较满意以下几个方面：第一，我们教研活动设计的针对性比较强，能够得到教师的认同；第二，在队伍培养方面，因为我们区有一个骨干教师发展的体系，我们培养了一批在不同的方面有专长的骨干教师队伍，比如教育科研、课堂教学设计、命题测试等。（访谈广东区级高中英语教研员）

英语教研员感觉自己对当地的教育教学确实起到了一定的作用，通过努力使得当地的教育教学现状有所改变。尽管工作中还有不足，但受访的英语教研员对自己的工作基本满意。

　　作为省级教研员，我比较满意的就是课程改革之后确确实实地实现了教师课堂生态、英语教育生态翻天覆地的变化。越来越多的教师不把英语当作知识教，（而）把英语当作一种技能，当成一种综合的能力来进行教学，"满堂灌"的现象在高中课堂也越来越少，特别是我们很多的英语教师都有"以人为本""人人成才""成就课堂细节，人人成功"的这些概念。（访谈广东省级中学英语教研员）

英语教研员的一线教学经历使得他们在工作中能够换位思考，

67

更加深刻地体会到教师工作的不易，理解教师的难处和需求。英语教研员认为他们是为英语教师服务的，他们特别在乎自己所做的是否能够满足英语教师的需求。

> 满意的地方就是教师有时候还是需要我们。教师让我们来听听课、指导一下，或者主动要求我们去，我们感觉特别有成就感。记得有一次到鄂州、荆州，我听完一节课之后，跟教师们做了一个很简单的点评和交流。当时还有两个校长，一个是教语文的，一个是教数学的，也来听课。他们参与我的点评之后，说："我今天应该把我们全校教师都拉过来听你的点评课。"（访谈湖北省级中学英语教研员）

英语教研员肩负督导当地教育教学质量的重担，他们的帮助使得英语教师在教学水平方面确实有所提高。

> 我感觉到我在平时比较满意的地方是工作当中，对教师的教研活动和其他方面的活动进行引导过后，看到有些教师在真正地按照我的要求去做……有所转变，我感觉这是我最满意的地方。（访谈四川县级中学英语教研员）

不同研究者对教研员的角色和作用有不同的表述。刘月霞（2019）指出，教研员在基础教育中是教师教学的专业指导者，区域教学研究的组织者，教师专业发展的促进者，地方改革政策的转化者，课程改革的推动者。崔允漷（2009）认为，教研员起到五种作用，分别是政策执行、课程设计、发展服务、专业指导以及质量促进。研究中，我们了解到受访的大多数英语教研员肯定了教研员工作在当地英语教学发展方面的重要作用。英语教研员把课改的理念与教师的教学实践结合起来，执行了国家政策，通过各种教研活动在新的教育教学理念方面起到引领和示范作用。他们也为英语教师交流搭建平台，另外也起到了对英语教学质量的监督和促进作用。还有英语教研员指出，他们在培养骨干英语教师、影响英语教师工作风格和增加区域英语教师凝聚力方面也起到了一些促进作用。

本次调查也显示，英语教研员在工作中极少从课程的层面开展教研工作。长期以来，教师和教研员一直远离课程研制以及课程事务的决策过程。教师是单纯的课程内容的讲授者和知识的传递者，教师的课程实践主要是忠实传递课程专家的课程指令，实施课程专家开发的课程材料（杨明全，2016）。教研员是教师的指导者，教师的专业发展水平很大程度上取决于教研员的专业水平。新课程背景下要想提升教师的课程领导力，教研员不应只发挥其教学领导力，仅仅充当学科教学的指导者和研究者，更应该成为专业的课程领导者（崔允漷，2009），课程和教学理论的研究者（潘涌，2003）。这就需要教研员能够带领教师发展课程。本研究发现，英语教研员在课程发展方面起的作用微乎其微。究其原因，我们认为既有意识缺乏的原因，也可能存在能力欠缺的因素。第一，教研员的课程意识方面，长期以来我国一直实行的是中央集权型的课程管理模式。中央统一规定课程标准，制订统一的教学计划和教学大纲，确定统一的课程评价标准，甚至使用相同的教材、相同的课程表（马云鹏，2005）。教研员和教师仅仅作为国家课程意志忠实而被动的附属者（潘涌，2003）。教师只关注自己的教学，以教材为课程内容；教研员仅具备学科意识，缺乏课程意识。第二，教研员的课程能力方面，一直以来，教研员重学科知识，轻课程理论。地方课程规划和设计需要深厚的学科底蕴，以及一定的教育教学理论修养。因此，有研究者认为目前我国教研员整体水平相去甚远，现有教研队伍尚不具备地方课程设计的能力（翟立安，2010）。

三、英语教研员的工作业绩评价

如表 4 - 14 所示，针对英语教研员的教研工作评价标准，问卷结果显示"辖区内教师是否满意""辖区内学校在各类（如统测、毕业考试、升学考试等）考试中的成绩""辖区内教师是否在比本辖区更高级别教学比赛中获奖""辖区内教师是否在比本辖区更高级别教学论文比赛中获奖"，以及"辖区各学校领导是否满意""上级主管部门领导是否满意"均对英语教研员工作业绩的评价产生影响。除上述评价标准外，其他的标准还涉及：（1）课题研究及论文发表；（2）能否起辐射作用（如培养一批优秀教师、服务教师的专业发展、引领课题等）。

表4-14 英语教研员工作业绩评价标准

题项	均值	标准差	具体分布（频数＋比例）			
			1	2	3	4
（1）上级主管部门领导是否满意	3.39	0.62	4（1.2%）	12（3.6%）	166（50%）	150（45.2%）
（2）辖区内各学校领导是否满意	3.40	0.64	3（0.9%）	18（5.4%）	153（46.1%）	158（47.6%）
（3）辖区内教师是否满意	3.60	0.59	2（0.6%）	11（3.3%）	105（31.6%）	214（64.5%）
（4）辖区内教师是否在比本辖区更高级别教学比赛中获奖	3.41	0.64	3（0.9%）	19（5.7%）	149（44.9%）	161（48.5%）
（5）辖区内教师是否在比本辖区更高级别教学论文比赛中获奖	3.26	0.73	7（2.1%）	36（10.8%）	154（46.4%）	135（40.7%）
（6）辖区内学校在各类（如统测、毕业考试、升学考试等）考试中的成绩	3.39	0.72	7（2.1%）	26（7.8%）	128（38.6%）	171（51.5%）

*1＝完全不同意；2＝不太同意；3＝基本同意；4＝完全同意

也有英语教研员指出，当前缺乏一个合理、全面的评价体系。正如有的英语教研员指出：

> 其实，教研室没有对教研员进行过严格的考核。教研员工作做得怎么样主要还是看学校和教师对教研员工作的认可程度，以及学科教师在上级教研部门组织的各类比赛中的表现。学科质量抽测成绩也是一个参考因素。对教研员这样的评价是不全面的，也不准确。（访谈安徽省级中学英语教研员）

英语教研员认为当前的评价标准存在缺陷，这一点也从英语教研员评价满意度的调查结果中得到验证。如表 4 - 15 所示，大多数参与研究的英语教研员都认为自己的工作没有得到公正的评价（88.3% 的英语教研员不同意，其中 25.6% 的英语教研员完全不同意，62.7% 的英语教研员不太同意）。

表 4 - 15　英语教研员认为自己的工作是否得到公正的评价

题项	均值	标准差	具体分布（频数 + 比例）			
			1	2	3	4
我认为自己的工作得到了公正的评价	1.89	0.67	85 (25.6%)	208 (62.7%)	30 (9.0%)	9 (2.7%)

＊1 = 完全不同意；2 = 不太同意；3 = 基本同意；4 = 完全同意

尽管英语教研员能够对自身工作进行反思，并从正反两方面看待工作中的长处和不足，但在访谈中我们发现目前并没有制定各级英语教研员的工作评价标准，也没有具体的文件说明英语教研员工作的职责等。大多数英语教研员表示工作都是"良心活"。英语教研员工作缺乏客观的评价标准和考核制度，这也验证了王凤鸣（2016）的研究结果。

　　我们的工作好像谁都可以评价，又好像没有谁来评价。评价标准主要是看口碑，没有具体的评价标准。（访谈广东区级中学英语教研员）

对英语教研员工作的评价内容和评价标准各不相同。有受访英语教研员反映评价按照事业单位的"德能勤绩廉"，以及英语教研员的工作效果、工作态度等方面来考量他们的工作。也有地区用教师对英语教研员活动的参与积极性以及英语教师认可度来考核英语教研员工作。还有个别地区将学生英语考试成绩作为考核英语教研员工作的标准。

> 老实说，对省级教研员来讲，没有什么评价标准。因为在省级的教研部门，尽管说是由中央课程中心管理，实际上是没有具体管到各个省的。最主要的是，省级教研员的工作从业务上是很难评价的，所以我们现在成立了教育研究院，院里面领导可能对你的表现，比如德、勤、能这些方面有个大致的了解，具体到工作业务方面是没有人评价我们的。（访谈广东省级高中英语教研员）

> 我负责的工作应该说并没有一个具体的、官方的标准来评价。评价主要是两个方面，一是我们区的教师的认同度，例如，对于我们组织的教研活动，教师参与的积极性；对于我们的专业指导的要求，教师的认同度。二是行政层面对于我们整个学科的教研工作最后产出的效果的评价，例如，教师的获奖，学生在高考方面以及整个区域的成绩。（访谈广东区级高中英语教研员）

此外，访谈中我们发现对英语教研员工作的评价主体较多。

对我们的工作评价的部门还是很多的，教研室、教育局、以及我们的教师、作为我们上级单位的广州市教研院。但是我觉得这个评价标准是很模糊的，可能是所在学科的中考、高考的成绩，还有教师的认同程度，以及个人在科研或者其他方面（如论文），做出一些什么样的贡献，有什么样的表现等。没有一种量化的标准。（访谈广东区级中学英语教研员）

此外，结合332名英语教研员的个人背景，通过多变量主体效应检测，我们发现不同片区和英语教研员类别（兼职/专职）能对部分标准产生显著性差异（见表4-16）。这说明英语教研员是专职还是兼职会影响其工作效果，反过来也影响了对英语教研员工作业绩的评价。

表4-16 片区、教研员类别对评价标准的主效应

题项	片区	
	F值	P值
（6）辖区内学校在各类（如统测、毕业考试、升学考试等）考试中的成绩	2.402	0.028
（3）辖区内教师是否满意	11.886	0.001
（4）辖区内教师是否在比本辖区更高级别教学比赛中获奖	6.172	0.014

积极的评价机制是促进英语教研员专业发展的动力和手段（刘海燕，2012）。本研究结果显示，目前关于英语教研员工作的评价主体比较丰富，既有主管部门的评价，英语教师的认可，也有学生的英语成绩作为参考。评价主体多元可以保障评价的客观公正，但评

价主体过多也会在不同程度上导致英语教研员工作无所适从，是偏重管理还是偏重教研。另外，对英语教研员工作的评价内容比较丰富，如英语教研员的职业道德、职业精神、工作态度、工作能力等方面，但是不够细化，缺乏明确、统一的标准，尤其缺乏对其专业能力的评价标准。部分地区参考了行政事业单位的评价标准，不能很好地反映英语教研员的工作价值和意义，某种程度上也挫伤了英语教研员工作的积极性。只有将英语教研员的工作置于科学合理、规范统一的评价机制之中，才能调动英语教研员工作的积极性和创造性，促进其专业发展。

四、英语教研员的专业素养及专业发展

（一）英语教研员的专业素养

本研究通过问卷和访谈的方法了解英语教研员对自我能力方面的满意度，从而了解英语教研员应具备的专业素质。列表呈现英语教研员对自我能力方面的满意度。如表4-17所示，有8项的均值处于3和4之间，这表明英语教研员对其英语教学能力、教材分析能力、专题讲座的能力、组织教研活动的能力、开展教研活动的效果、开展教师培训的效果、与主管部门领导的关系、和辖区内教师的关系等方面比较满意。其中，对自己"和辖区内教师的关系""组织教研活动的能力"及其"英语教学能力"尤为满意。此外，教研员在"做教材分析的能力""开展教研活动的效果""开展教师

培训的效果"层面的自评满意度均在80%以上。他们对自己的"英语语言水平""英语教学研究能力""英语教学理论"和"做专题讲座的能力"这几方面的满意度低于80%。

表4-17 自我能力方面的满意度（用下画线标出）

题项	均值	标准差	具体分布（频数＋比例）			
			1	2	3	4
（1）英语语言水平	2.95	0.61	1（0.3%）	66（19.9%）	212（63.9%）	53（16.0%）
（2）英语教学能力	3.25	0.56	0	21（6.3%）	207（62.3%）	104（31.3%）
（3）英语教学理论	2.90	0.61	1（0.3%）	77（23.2%）	207（62.3%）	47（14.2%）
（4）英语教学研究能力	2.94	0.64	2（0.6%）	72（21.7%）	201（60.5%）	57（17.2%）
（5）做教材分析的能力	3.09	0.65	0	56（16.9%）	190（57.2%）	86（25.9%）
（6）做专题讲座的能力	3.00	0.70	6（1.8%）	62（18.7%）	189（56.9%）	75（22.6%）
（7）组织教研活动的能力	3.34	0.60	1（0.3%）	19（5.7%）	178（53.6%）	134（40.4%）
（8）开展教研活动的效果	3.17	0.61	2（0.6%）	32（9.6%）	207（62.3%）	91（27.4%）
（9）开展教师培训的效果	3.06	0.63	4（1.2%）	44（13.3%）	213（64.2%）	71（21.4%）
（10）和主管部门领导的关系	3.05	0.58	2（0.6%）	42（12.7%）	224（67.5%）	64（19.3%）
（11）和辖区内教师的关系	3.48	0.57	1（0.3%）	9（2.7%）	150（45.2%）	172（51.8%）
（12）自己的进修机会	2.17	0.76	64（19.3%）	158（47.6%）	101（30.4%）	9（2.7%）

＊1＝完全不满意；2＝不太满意；3＝基本满意；4＝完全满意

　　结合 332 名英语教研员的个人背景，通过多变量主体效应检测，我们发现不同的片区、性别，教研员类别、年龄，教研员工龄、学历，教研员级别，是否为特级教师，毕业院校、毕业专业对自我能力的判断产生主效应（见表 4 – 18）。这说明英语教研员的不同背景在一定程度上影响了自我能力判断。

表 4 – 18　教研员相关背景对自我能力判断的主效应

题项	片区	
	F 值	P 值
（1）英语语言水平	2.353	0.031
（5）做教材分析的能力	2.648	0.016
（7）组织教研活动的能力	3.305	0.004
（8）开展教研活动的效果	2.848	0.010
（11）和辖区内教师的关系	3.956	0.001
	性别	
	F 值	P 值
（3）英语教学理论	8.539	0.004
（4）英语教学研究能力	13.824	0.000
（6）做专题讲座的能力	10.667	0.001
	教研员类别	
	F 值	P 值
（6）做专题讲座的能力	5.652	0.018
（7）组织教研活动的能力	8.587	0.004
（8）开展教研活动的效果	8.109	0.005
（9）开展教师培训的效果	5.201	0.023

题项	年龄	
	F 值	P 值
（6）做专题讲座的能力	2.780	0.018
	教研员工龄	
	F 值	P 值
（1）英语语言水平	2.529	0.041
（7）组织教研活动的能力	2.498	0.043
	学历	
	F 值	P 值
（3）英语教学理论	4.183	0.016
（5）做教材分析的能力	3.323	0.038
（6）做专题讲座的能力	3.957	0.020
	教研员级别	
	F 值	P 值
（2）英语教学能力	4.629	0.011
	是否为特级教师	
	F 值	P 值
（12）自己的进修机会	7.418	0.007
	毕业院校	
	F 值	P 值
（7）组织教研活动的能力	7.979	0.005
（10）和主管部门领导的关系	3.965	0.047
	毕业专业	
	F 值	P 值
（12）自己的进修机会	5.374	0.021

就自身职业素养来说，部分英语教研员对自己扎实的专业素养

和不断学习努力丰富理论知识方面感到满意。他们认为扎实的专业知识和不断进取的精神是促进他们工作发展的动力。

> 我自己作为教研员比较满意的一个方面在于，我觉得我是一个比较爱学习的教研员，面对这么大的一个群体，如果教研员没有及时更新或者获取最前沿的知识和能力，那么很难当好这个角色。所以我自己是在不断地学习当中，充分利用各种资源使我们区域英语教育这一块能够发展得更好。我对自己目前这种工作态度还是比较满意的。（访谈广东区级中学英语教研员）

除了自身的专业素养，英语教研员的个人工作经历以及专业成长历程也对其工作开展起到重要作用。例如，访谈中英语教研员指出其英语教书经历对其教研工作的影响：

> 我觉得教研员跟教师这一块，教研员需要教育实践，自身需要时间，不光是间接经验……如果我作为一个教研员，我在教书的过程当中会考虑怎么去做，会主动地形成一个积累。而且这种变动的好处就在于让我跨界了，就是把教研员和教师这两样工作轮流地做。我在当教师的时候会想到教研员工作应该怎么做，（当）做教研员的时候，（才发现）原来我们是这样去思考的。它是这样的一种变化。（访谈湖北省级英语教研员）

很多英语教研员曾经是优秀英语教师，他们是由于自身教学成绩优秀，获得过重要教学比赛奖项才有机会转岗做英语教研员工作的。也有部分英语教研员是因为当地教育行政岗位空缺，英语教师报名参加考试，而后成为英语教研员。虽然从事教研员工作时间长短不一，但大多数英语教研员认为一线教学经历对其后来的英语教研员工作具有重要意义，即能够使其从不同角度理解英语教师的需求和英语教研员的工作；英语教研员和英语教师之间的角色转换有利于英语教研员工作的开展。

教研员自身多学科、跨学科发展的经历也丰富了其专业素养，有助于英语教研员跳出学科的局限，突破学科思维定式，开阔思路，以新的视角看待语言教学和语言学习者，创新教研工作方式。

我比较满意的方面是我的专业素养以及我的专业经历。从专业素养方面来说，我没有放弃、没有转行转到其他专业，我会先从事语言教育的专业研究，再走进应用语言学的研究，接下来更多的是一个教育学方向的研究，大的方向就是语言教学。从经历方面来说，我目前负责全省小学、初中的教研工作，之前我的主要一线经历在高中，所以目前小、初、高都有接触，无论是专业素养还是专业经历（方面），我都是比较满意的。包括我们现在负责的小学这块，上过小学课和教过小学课当然是不一样的，我仍然是坚持这个方向，所以就期待着不断往前走吧。（访谈广东省级小学/初中英语教研员）

英语教研员和英语教师的工作又有不同。英语教研员认为英语教师的工作更为具体，关注点在具体的英语教学工作上，如学生的英语成绩、学习效果等。英语教研员则站的角度更高，辐射面更广。这就要求英语教研员不仅要具备英语教师的基本素养，还应该拓展理论视野，从教研理论层面探究如何创新教学（潘涌、朱嬉，2010），具备将其教研教学经验提炼上升为知识和理论的能力（宋崔，2012）。

教师和教研员的高度不同。做教师，就是每天把一节课讲好，把几个班的孩子带好，具体到作业有没有批改完成这样的任务；而作为教研员，是具体到某一个学校或某一个片区的整体教研工作，是点和面的关系。（访谈甘肃省级小学英语教研员）

我认为在不同的阶段，人的想法是不一样的。在学校，一门心思就是想教好学生。那个时候，对于教师的评优选先，教研这方面还是有要求的，但是作为一线教师，其实没有太多的时间去搞教研。我当了 13 年的教师，我有很多教研方面的经验，也没有什么好做的了。当了教研员以后，面对的群体不一样了，工作打交道的是教师，那么就要在这方面多下功夫。（访谈甘肃省级高中英语教研员）

当我们在做教研员的时候，我们感觉到如果和教师谈得太空，如谈到哪个课教学好不好，教师特别不容易接受。但如果改变一种方式，比方说，你这个课是不是有问题，我觉得这个环节应该这么上，会提出具体的建议，然后再把它提升到一个理论，为什么这样建议你。这样对老师来说就比较容易接受一些，教师就容易说："哦，我听懂了。"不能光简单地说教师的课上得好，或者不好。课本身没有好或者不好，只有妥当或不妥当，合理或不合理的问题。教学的安排没有说你的就是最好的，他的东西就不好。我们做教研员的时候，会考虑到这个问题。（访谈湖北省级英语教研员）

大多数英语教研员肯定了自身的专业素养，同时他们也认识到自身工作的不足之处。问卷和访谈均显示，受访英语教研员意识到自身语言水平一般，理论知识不足，在大型教师培训、命题等方面还有待提高；教育教学的研究能力不强。王凤鸣（2016）对黑龙江中学英语教研员的研究也显示，英语教研员工作集中在一线课堂，科研投入不足，教研比例失衡。英语教研员在工作中发现问题，提出解决方案，但是没有进一步综合分析，寻找深层次原因，不能提炼出共性问题，缺乏实践问题理论化的能力。

访谈中，我们发现由于平时工作太过繁忙，英语教研员不能静下心来读书学习，没有足够时间和平台发展自身的专业知识和研究能力。

从个人水平角度上讲，我真是觉得谈不上职业工作量（很大），但是，有的时候有点儿懒，读书这方面真的是非常欠缺。有时候是属于快餐式阅读，只了解了一鳞半爪，有时候着急了就赶紧去查文件。（我）很难系统地去读书，这也是为什么真正

做起工作来有时候就头疼，总觉得自己肚里没货。（访谈新疆市级英语教研员）

给教师们点评的时候，会有做不到、不会的无力感。最开始的时候，有一些教研员的个人专业素质、英语能力是很好的，但是他对课标的把握不到位，就不知道怎么点评。就会说，"我只能说你们看一下《中小学外语教学研究》"，或者推荐教师看一些其他的杂志，但是没有方向，教师也很茫然，他们需要引领、需要指导。（访谈甘肃小学英语教研员）

英语教研员离开课堂教学时间已久，离开大学的学习时间则更长。因此，他们必须加强学科知识的学习来提高英语教师学科本体知识。如果英语教研员自身缺乏对新知识的关注，就无法对英语教师提供个性化的专业指导。由于所在辖区的教师素质差异性较大，这些英语教研员深感力不从心，无法保证其精心设计的教研活动能达到预期的效果。

不满意的地方有以下几点：一、整个海淀区的教师差异很大。二、学校差异也比较大，不能够满足所有的层次的教师，或者学校教师的需求。三、毕竟区域教研层面的空间有限，在这个有限的空间范围内，我所实施的这些东西是不是真的是所有的教师都需要。四、不能解决所有层面的所有老师（提出的问题）。即使能解决，可能做起来的实效就跟我们教学一样，不可能说每天上的课都特别优秀。我觉得有一些本意是好的，方向也是对的，但实施起来效果未必就是完全令人满意的。（访谈北京初中英语教研员）

本部分的发现与前面关于英语教研员职责和日常工作内容调查结果吻合。如表4-3显示英语教研员日常工作内容中"制订辖区内教师进修、发展规划"等关于教师个性化发展方面的力度不够。教研的目的之一在于帮助教师不断自我构建（符文娟、李幽然，2011）。因此，教研工作的视角之一应放在教师的转变和发展上，尊重教师的自主性，给予积极的引导，促使其在自我差异的基础上不断进行自我构建。如果教研员自身学科本体知识和理论知识匮乏，或者不具备高水平、高层面的专业知识，将不足以为教师发展提供充分的、个性化指导。本部分的发现再次说明目前英语教研员对英语教师的专业引领方面还比较弱，这主要是因为英语教研员自身的专业素养和理论水平需要提高。

我在工作中的主要困难和挑战是如何引导教师在繁重的教学活动中坚持思考自己的教学，并保持持续的学习动机，取得自己应有的成绩和得到个人专业成长的发展。（访谈广东区级小学英语教研员）

综上，就专业素养而言，部分英语教研员对自己扎实的专业素养和不断学习努力丰富理论知识方面感到满意。扎实的专业知识和不断进取的精神也为其工作发展带来动力。尽管英语教研员对自身的语言能力以及教学能力比较自信，但访谈内容显示他们的学科本体知识仍需进一步加强。一线英语教师的任教经历有助于英语教研员转换角色开展工作。英语教研员自身多学科、跨学科发展的经历也使其不囿于学科限制，创新教研工作。很多英语教研员对自身的英语教学理论水平不够满意。受访英语教研员意识到自身理论知识不足，教育教学的研究能力不强；在大型教师培训、命题等方面还有待提高。

（二）英语教研员的专业发展

教研员专业发展是教研员不断获得新知识、优化教研策略、提升专业能力的过程。其本质是个体不断成长的历程（梁芹、蒋丰，2004）。目前除崔允漷（2009）将教研员专业发展内容界定为课程发展能力、服务能力、自我提升能力三个方面外，鲜有学者探讨教研员专业发展内容，教研员专业发展的内容尚无统一界定。研究者提出了不同的教研员专业发展途径，如通过参加课堂教学实践（凤光宇，2009）、参与学校的教研组建设（朱志平，2003）、研究人员与教研员深度合作（王洁，2011）等。教研员专业发展平台包括会议、培训、检查、督导、竞赛等。教研员专业发展途径包括要规划发展目标、不断进行终身学习和反思、参加学术活动、开展行动研究、积累教育智慧、成立专业发展机构、实施资格认证、提高课程发展能力、建立新评价体系等（丁文平，2009；李丽桦、张肇丰，2009；王培峰，2009）。本次调研中，各级教研员对于自身的不足有比较清醒的认识，对于培训效果的期待较高，希望通过培训在某个领域有所提高。因此，我们对英语教研员进行了培训主题、培训方式和影响培训参与因素的问卷调查和访谈，管中窥豹，以期了解英语教研员专业发展诉求。

1. 英语教研员最感兴趣的培训内容

如表4-19所示，英语教研员最感兴趣的培训主题依次是："有效的教学方法""新课标理念下的教学模式""如何组织教师培训活动"和"外语教学理论"；对于"多媒体辅助教学方法"的兴趣度最低。此外，有英语教研员表示对"国外大学对语言学习机制的研究"感兴趣。

表4-19 英语教研员感兴趣的培训主题（用下画线标出）

题项	频数	均值	标准差	具体分布（频数+比例）		
				1	2	3
（1）有效的教学方法	239	1.75	0.82	116（34.9%）	66（19.9%）	57（17.2%）
（2）外语教学理论	88	1.84	0.81	37（11.1%）	28（8.4%）	23（6.9%）
（3）新课标理念下的教学模式	222	1.84	0.75	83（25.0%）	91（27.4%）	48（14.5%）
（4）多媒体辅助教学方法	52	2.29	0.75	9（2.7%）	19（5.7%）	24（7.2%）
（5）如何组织教师培训活动	143	2.12	0.79	37（11.1%）	52（15.7%）	54（16.3%）
（6）教师学习和发展的理论	103	2.26	0.78	21（6.3%）	34（10.2%）	48（14.5%）
（7）外语教学研究方法	146	2.33	0.78	28（8.4%）	42（12.7%）	76（22.9%）

*1=最高；2=第二；3=第三

访谈中我们了解到，英语教研员急需参加"如何开展教研""如何进行课题研究"等方面的主题培训。例如，广东区级初中英语教研员在访谈中指出，"对我而言，比较急需的在职培训主题是如何开展有效的教研，如何开展课题研究，最好是专门针对教研员的培训"。这与前面关于英语教研员亟待加强的工作内容吻合。研究、指导、服务是英语教研员的职责。英语教研员已经意识到研究是其工作职责所在。当务之急只有加强自己的研究能力，才能帮助英语教师从教师日常教学中捕捉问题、提出问题、思考并解决问题。

除了上面提到的教研领域的培训，他们也表示希望了解英语教师专业发展阶段方面的内容。

> 我觉得我需要更深入地去了解和理解不同职业发展阶段的教师的特点，针对这样的特点，用有效的方式去开展、去评价自己的培训方式。在这方面，我做了很多阅读，但是如果能有这样的培训，能够让我更系统地、更大范围地接触不同的有经验的……对我自己当教研员这个角色应该是非常有帮助的。（访谈广东区级中学英语教研员）

作为英语教师专业发展的促进者和引领者，英语教研员需要加强自身的教师专业发展指导力。这就要求英语教研员不仅要增强为基础英语教师服务的意识，更要了解英语教学专业，尊重英语教师的专业自主性，为英语教师的专业发展提供平台。

2. 英语教研员最期待的培训形式

从表4-20可以看出，由高到低，英语教研员最期待的培训方式依次是"专题研讨""课例研究"和"示范课"。其中对于"讲座"的培训方式期待最低。可以看出，英语教研员比较期待有针对性的、结合具体话题或主题的培训。

像过去传统的、单纯的讲座方式，不能完全引起教师的兴趣。像我们搞的这种实践活动，就是前两天那个工作坊……我参与这个活动心里面挺紧张的，以前虽然知道，但是没有亲自参与，所以我有点忐忑。但是经过这个实践以后，我知道培训的优势了，觉得这是一个很好的尝试。所以我更想了解这方面的主题，只要是与教师专业发展相关的主题，我都不反对，都能接受。(访谈新疆市级英语教研员)

表4-20 英语教研员最期待的培训方式

题项	频数	均值	标准差	具体分布（频数＋比例）		
				1	2	3
(1) 讲座 (lecture)	132	1.94	0.87	54 (16.3%)	32 (9.6%)	46 (13.9%)
(2) 专题研讨 (seminar)	258	2.08	0.84	82 (24.7%)	74 (22.3%)	102 (30.7%)
(3) 工作坊 (workshop)	156	1.86	0.79	61 (18.4%)	56 (16.9%)	39 (11.7%)
(4) 示范课 (demonstration)	181	1.92	0.77	61 (18.4%)	74 (22.3%)	46 (13.9%)
(5) 课例研究 (lesson study)	266	2.10	0.79	72 (21.7%)	96 (28.9%)	98 (29.5%)

*1＝最高；2＝第二；3＝第三

英语教研员更倾向于实践性强的方式，如课例研究、工作坊、示范课等。他们更期待理论和实践相结合的培训形式。正如参加本研究的很多英语教研员所指出的，他们希望的培训是针对某一主题所进行的"培训＋观摩＋考察"。

> 我刚才所说的那些学习理论、教学理论培训，我参加过，也学习过一些，但都是停留在理论层面。我觉得最急需的应该是把这些理论跟我们具体的英语教学，或者教研员的工作相结合。我觉得把理念转化为具体的培训课程的内容和形式，（效果）可能会更好。（访谈北京初中英语教研员）

此外，英语教研员很渴望有一个能与同行交流学习的平台，获得更多的信息，"与管辖区学校和教师进行有效沟通"及"通过评课来传递先进的教学理念"等同行之间相互的学习与交流也是非常珍贵的资源。

> 能够到我们英语教学做得比较好的一些区域跟同行做一段时间的交流，然后观摩他们的教研活动、了解他们对教研活动的设计。（访谈广东区级高中英语教研员）

培训方式除了传统的讲座、研讨、观摩外，很多英语教研员表示希望能开发新兴的网络学习模式。

如果有这样一个平台能把全国各地的教研员聚在一起，不要说是专题，就是大家聚在一起的这种相互了解、传经送宝，都是一种非常珍贵的资源。（访谈甘肃省级初中英语教研员）

3. 影响英语教研员参加培训的因素

从表4-21可以看出，英语教研员考虑是否参加培训的三大主要因素依次是"培训内容""有经费支持"和"授课教师"。此外，"是否在假期中举办""培训方式""离家远近"及"培训时间长短"也是影响因素。

表4-21　影响英语教研员参加培训的因素

题项	频数	均值	标准差	具体分布（频数+比例）		
				1	2	3
（1）是否在假期中举办	42	1.88	0.92	20（6.0%）	7（2.1%）	15（4.5%）
（2）有经费支持	175	1.62	0.83	105（31.6%）	31（9.3%）	39（11.7%）
（3）离家远近	17	2.53	0.62	1（0.3%）	6（1.8%）	10（3.0%）
（4）培训时间长短	70	2.23	0.76	14（4.2%）	26（7.8%）	30（9.0%）
（5）培训内容	303	1.63	0.71	153（46.1%）	108（32.5%）	42（12.7%）
（6）培训方式	205	2.40	0.57	9（2.7%）	104（31.3%）	92（27.7%）
（7）授课教师	178	2.39	0.76	30（9.0%）	49（14.8%）	99（29.8%）

*1=最高；2=第二；3=第三

访谈中，英语教研员普遍反映没有针对教研员的职前或者专门的职业培训。大多数英语教研员基本要靠自己摸索着干，属于"摸着石头过河"的状态。有些地方的英语教研员在职时间长、经验丰富，可以为新人提供一些帮助和建议。但是，他们并没有经过系统化的专业知识学习和职业培训过程。

> 像我们一些县区教研员刚调上来的时候，也就是一线老师。有一个区的一个老师做了 20 年了，研究经验丰富一些，但是还有一些教研员特别年轻，调上来了就很茫然。领导派给他任务，说"你到哪里去听课"。他听课前一天给我打电话："明天我听课，要怎样做？"我说："你看，你的教研活动要怎么指导？"实际上有些县区教研员的教研活动都是我在教，更多的是我凭着自己过去的经验、看过的资料给他们传授经验。但是最终还是靠自己闭门造车，靠自己的力量比较单薄，亟须接受培训。（访谈甘肃省级小学英语教研员）

目前有很多针对在校英语教师的培训（如"国培计划"项目）。相比之下，受访的英语教研员均表示缺乏针对英语教研员的高端培训，也使其自身发展受限。大多数英语教研员主要是通过自学、实践、反思来提升自己的教学研究能力。

> 我没有输入的机会，我全是输出，而且很多东西我能够去学、去悟的机会不多。通过国培班这样的机会我才能学到点儿东西，但是这种机会又不多，请这些大腕来的机会真的不多。像北外的国培班，去年有一个教师回来说："师傅，我去北外参加国培班了，真好，我进步了一大截。"我当时说："我眼巴巴地看着你，真羡慕你，我也想去，我也需要到北外参加国培班这样的活

动，我更需要这样高大上的培训。"我心想如果能把我换成你，我学了这些东西，发挥的作用更大，所以就特别建议国培班给教研员也搞一个培训。不光是教师，教研员也亟须培训，哪怕是一年两次，上半年一次，下半年一次，都会有很大收获，就是给我们两周的时间也可以。（访谈甘肃小学英语教研员）

各个教师现在都已经走出去了。以后可能会出现这种情况，就是学校有一定的权力，有一定的资金，让教师们出去取经、请进来送出去的这种机会越来越多了，教师们获取先进的教育理念的途径可能比我们还多一些。所以对我们来说真的是一种挑战。（访谈甘肃初中英语教研员）

作为一名教研员，不敢说是指导，如果我们有一些新的想法，要跟老师们去共享、分享，那么我们肯定要提高自己，无论是理论水平，还是教研水平，教研员的水平最起码要比别人稍高些，才能懂得去分享一些新的东西。那我们在这方面如何提高？这真是一个挑战，很多内容都需要我们自己去学习。（访谈甘肃高中英语教研员）

除了前面探讨的英语教研员培训，"下水课""下水教研"也是英语教研员专业发展的重要途径。有英语教研员指出，尽管从事教研员工作之前有一线教学经历，但毕竟离开一线有些时间了，对于日新月异的一线教学情况了解不深入，这给其工作带来挑战。因此，英语教研员希望他们每年都应该到一线体验教学一段时间。

> 我个人认为面临的一个很大的挑战是，我们现在离课堂越来越远了，因为我们不再站在讲台上了。尽管我之前当过十年的教师，但十年以后，我一直在教研员这个岗位上，再十年以后，会发生什么样的变化？那个时候，在课堂上我是否有更多的话语权了，我现在也有点儿迟疑。有的时候我也在想，如果有机会，每一年抽出一部分时间，我们也可以到一线去锻炼一下。（访谈甘肃高中英语教研员）

"下水课"是教研员教研的基本途径（魏宏聚，2010；潘涌，2015），即教研员能上讲台亲自执教。"下水"教研（徐承芸，2009）有助于较快提升教研员的教研智慧、专业素养和专业水平。

教研员的专业发展不是一蹴而就的，而是一个逐渐积累、循序渐进的过程。这个过程既源于社会进步和教研发展对教研员的专业要求和帮扶，又源于教研员自我完善、自我超越的角色需要（梁芹、蒋丰，2004）。它一方面需要教研员自身主动的努力，也需要良好外部环境的支持。访谈中，我们并没有发现教研员对自身专业发展提出明确的目标或者有一个清晰认识。国家层面和学界对教研员专业发展内容尚无统一界定。有学者指出，教研员的专业发展应该聚焦在课程教学评价领域，发展其"课程领导力"（崔允漷，2009），也有学者认为教研员应该发展其"专业领导力"（宋萑，2012）。总之，教研员专业发展的定位不准确、缺乏制度保障将直接导致教研员对自身专业发展方向不明确。

五、英语教研员工作中面临的困难和挑战

对英语教研员工作中面临的困难和挑战的调查显示，受调查的英语教研员基本同意问卷所列出的因素为他们所面临的困难和挑战。课题组也对英语教师的相关背景与这些困难和影响因素之间的关系进行了分析，如表4－22所示。

表4－22 英语教研员在工作中面临的困难和挑战（用下画线标出）

题项	均值	标准差	具体分布（频数＋比例）			
			1	2	3	4
（1）行政干预多	3.06	0.86	12（3.6%）	77（23.2%）	121（36.4%）	122（36.7%）
（2）待遇低	3.41	0.70	3（0.9%）	32（9.6%）	123（37%）	174（52.4%）
（3）自身发展机会少	3.47	0.69	4（1.2%）	26（7.8%）	113（34.0%）	189（56.9%）
（4）行政归属不明确（教研员到底属于教师、科研人员还是行政人员？）	3.26	0.86	11（3.3%）	57（17.2%）	99（29.8%）	165（49.7%）
（5）工作压力大	3.39	0.71	5（1.5%）	29（8.7%）	129（38.9%）	169（50.9%）
（6）新知识及理念更新快，自己跟不上	2.70	0.89	29（8.7%）	111（33.4%）	124（37.3%）	68（20.5%）
（7）部门分割（如考试与教研分离）	2.66	0.91	31（9.3%）	120（36.1%）	113（34.0%）	68（20.5%）
（8）贯彻新理念难	3.05	0.78	7（2.1%）	72（21.7%）	150（45.2%）	103（31.0%）

题项	均值	标准差	具体分布（频数＋比例）			
			1	2	3	4
（9）请专家难	3.01	0.82	9（2.7%）	83（25.0%）	136（41.0%）	104（31.3%）
（10）<u>经费缺乏</u>	3.48	0.74	6（1.8%）	31（9.3%）	94（28.3%）	201（60.5%）
（11）教材质量不理想	2.55	0.82	26（7.8%）	143（43.1%）	119（35.8%）	44（13.3%）
（12）组织本辖区与外辖区的教师交流难	3.01	0.82	11（3.3%）	77（23.2%）	142（42.8%）	102（30.7%）
（13）日常教研活动的实效性不高	2.69	0.84	22（6.6%）	118（35.5%）	133（40.1%）	59（17.8%）
（14）调动教师参加培训的积极性	3.03	0.71	3（0.9%）	71（21.4%	172（51.8%）	86（25.9%）
（15）建立符合本地实际情况的系统培训课程	3.10	0.81	12（3.6%）	58（17.5%）	148（44.6%）	114（34.3%）

＊1＝完全不符合；2＝不太符合；3＝基本符合；4＝完全符合

在表4－22中，有11项的均值处于3和4之间。其中，"经费缺乏""自身发展机会少""待遇低""工作压力大"等困难和挑战尤其突出。访谈中，英语教研员表示工作困难重重，主要包括工作强度大、发展受限、缺乏支持几个方面。

此外，我们发现英语教研员普遍认为还存在以下困难和挑战：（1）自身参加培训的机会少；（2）区域生源、师资力量分布不均；（3）教材更新快，难以实施；（4）缺乏积极性，职业倦怠。

在访谈中，有英语教研员指出：

> 教研员自身专业发展机会很少，特别是在评特级教师时。而且，英语学科教师被划为小学科，名额非常有限。英语教研员机会更少，这对英语教研员特别不公平。
>
> 理念冲突大。现在指导教材编写及教学的都是第二语言教学理论，而实际上英语教学的本质是外语教学。其结果是教材难用，教法难行。
>
> 培训无平台。成立培训中心后，教研室的培训职能转移，但培训中心却无法满足对教师对课堂教学实践操作方式方法的培训。（访谈北京某区级中学英语教研员）

研究中我们发现，一方面，英语教研员对所在地英语教学情况还是满意的，因为英语教师敬岗爱业，努力转变陈旧的教学观念。另一方面，辖区的英语教师素质、教学质量发展不均衡，出现教学理念难以转变、职业倦怠、教师自我发展动力不足等问题。同时，英语教研员面临的外部环境也对其工作提出挑战。

（一）来自英语教师方面的挑战

来自英语教师方面的挑战主要包括英语教师自身专业素养欠缺、职业倦怠、工作量大且事物庞杂及评价标准单一。

1. 英语教师自身专业素养不足

一些教育落后地区的英语教师本身专业素质不达标，很多英语教师并不是英语专业背景。由于学校缺乏英语教师，这些非英语专业背景的教师被迫转岗成为英语教师，从而造成英语教师本身专业素质不达标。这些在一定程度上导致地区内部英语师资水平参差不齐，地区英语教育水平严重不均衡。

　　根据我的了解，这个区的中学英语教师最需要解决的是英语教师素质分层的问题。我们区的学校之间差异还是比较大的，有些学校应该是全市的顶尖水平；有些学校，特别是那些以外来务工子弟生源为主的学校，由于中学英语教师的待遇实在是太低了，所以所招聘的老师素质不高，有些甚至不是英语专业的。这些教师有很多方面需要提升，但是由于那些学校的课程实在太多，（他们连）每月一次的区教研都没法参加。（访谈广东区级初中英语教研员）

　　我们当地学校有很多转岗英语教师。根据这样的实际情况，我们县从没有考上高中的初中毕业生里面选取了几十个人，有两个班，有两三届。这些初中毕业生接受职教培训，就是专职的英语教育教学，然后被分配到各个乡镇小学去补充英语师资的不足。这些教师的专业基础比较薄弱，再加上刚开始开设小学英语课程，他们对这门学科的认识也不深。（访谈湖北县级小学英语教研员）

　　我们有很多英语教师跟所谓的农村地区的老师差不多。无论从教学发展的角度、专业发展水平，还是从教师的个人专业水平和业务能力来说都要滞后一些。如果说他们具体缺什么，恐怕不是单纯的教学技术问题，也不是单纯的教学理念问题，而是专业素质问题。（访谈新疆市级英语教研员）

2. 英语教师职业态度不积极

有些英语教师对教师职业的态度不积极，产生职业倦怠，导致其自身发展动力不足。这些英语教师安于现状，不思进取，无论英语教研员做什么努力也无法改变这些英语教师对待工作的态度。

> 内因，我认为大概是职业的定位。教师如果对自己的职业定位比较低，会阻碍他的不断提高，或者说容易产生飘忽不定的心理而在是不是当教师，把自己定位成优秀教师还是一般教师，把自己定位成一个正常拿工资的人，还是把自己定位成一个英语教育者中做选择。每位教师的定位不同，其专业发展的投入也不一样，教师对于自身的定位也会产生影响其专业发展的阻力，当然每位教师的表现可能会不一样。（访谈广东省级英语教研员）

因此，如何激发英语教师能动性、改变英语教师教学理念也是英语教研员面临的困难。无论英语教研员怎么做，有些英语教师自身不想进步，也就很难接受新的理念。因此，教研员深感无力，很难改变当地的英语教学现状。

　　现在工作的时间比较长以及工作的强度比较大，可能时间一长，会造成一些职业倦怠，对于自己专业方面提升的动力就减弱了。(访谈广东区级高中英语教研员)

　　我觉得困难就是教师的精神面貌以及教师教研的心态。有一些教师没有把工作深入进去，对于课堂教学的改革，我认为越往后可能差距会越大。如果现在还是这个样子，我相信十年以后我们跟发展比较好的地方，如我们的省级市以及北上广的差距会更大……(访谈湖北县级小学英语教研员)

3. 英语教师工作量大而杂

英语教研员普遍反映各学校的教师工作量和压力都非常大。除了正常的教学活动外，英语教师还要承担很多事务性工作以及与本身教学不相关的杂事。这导致英语教师无法专心于英语教育教学研究，从而阻碍其专业发展。

　　今天很可能你的教研组长、教导主任或者副校长会告诉你明天你有什么检查，要补几份材料，那你回家就需要编写，编写五六份，也就没有时间去备课了。今天通知临时来检查了，你就忙着要开会了，要调研了，等等。今天的作业都批不出来，还怎么搞教学？没办法搞教学，这就是一个很严重的问题。而且常常今天学校这个项目来检查，明天学校那个项目来检查，各个项目也缺乏整合，天天都有人来学校检查工作。名气大一点儿的学校，一天要接待两到三拨的各种参观、考察、检查，这样对教学的干扰特别大。（访谈甘肃小学英语教研员）

教师的工作压力大，辛苦，而且收入低。从客观上来说，他们没有时间去考虑自己的专业发展，教初中也好，教高中也好，每天只能疲于应付。教小学好一点儿，不过小学老师也累，现在孩子都是独生子，家长要求也高，出不得一点儿事，教师的心理压力也大。所以从客观上讲，教师很大一部分精力都被事务性的工作给缠着，很难去考虑自己的专业发展问题。（访谈新疆市级英语教研员）

4. 英语教师评价标准单一

目前对于英语教师的评价标准单一，大多数学校都以考试为导向，只注重学生考试成绩，导致英语教师对发展自身不感兴趣。英语教师只关心怎么提高学生成绩，无心于追求新的教育教学理念以及自身专业素养的发展。

由于我们对教师的评价，对学校的评价，对学生的评价是基于考试成绩和升学率。教师认为，培训如果对他们提高升学率没有好处的话，都是无用的。所以说教师的需求会很狭隘，这也就阻碍了他们的发展。他们没有把自己当成一个教育家，而是认为自己是来帮助学生考试的、提高分数的。这个可能跟我们评价制度的缺失有很大的关系，或者说我们评价的指标过于单一。如果说这是个很大的问题，不是说老师个人层面能解决的。（访谈湖北省级英语教研员）

由于缺乏有效的激励机制，英语教师感觉他们的努力没有回报，如职称评定与业务水平不挂钩。

未来的职称，晋升职称，都是一些硬条件，还不完全和老师的业务水平挂钩。这很不公平，职称评定有很多东西和教师的教学成绩、管理、获了什么奖、发了什么文章有关，但这些东西和教师的个人专业素养，或者专业提升之间的关联性不是特别强。另外，还有更多的校内的一种平衡，比如说今年的考核是不是拿到了优，是不是做了班主任，教学成绩怎么样等。这些外在因素也会造成教师在专业发展动力上的不足。（访谈甘肃市级中学英语教研员）

（二）来自外部环境的挑战

正如吉林省一位区级小学英语教研员所说："我认为最大的挑战，我个人希望就是能够通过我的努力，把我们所有教师的教学水平拉得基本相同，不要两极分化太严重。这是我们应该做的，但也是一个非常大的挑战，因为外界的影响因素太多。"这些挑战和影响因素既来自学校，也来自大的教育环境。

第一，部分学校地区缺少校园文化以及对英语教师发展的规划和政策。学校领导不支持，教研氛围不浓厚。英语教师所在学校的校园文化与氛围对教师的专业发展非常重要。有些学校并不鼓励英语教师不断进取，经常以不能耽误教学为由不让教师参加培训活动；校领导除了关心英语考试成绩，并不关注英语教师自身业务发展，没有为教师提供教学研究的氛围。而长期置身于这样的氛围，英语教师很快就会安于现状，得过且过。

> 可能最大的阻力应该是校长的一些观念吧。如我们要开展一个活动，要把初三的英语教师全部派出来，但是很多时候派不了全部，只能派一个两个。另外，有的教师也不想参加培训活动，他们觉得这堂课丢下之后，要补会很麻烦。当然最主要的是校长的理念问题。（访谈四川县级中学英语教研员）

部分地区针对英语教师发展的政策滞后，使得英语教师发展的后劲不足。个别地区英语教研员表示所在地并没有针对英语教师的发展政策。

> 区域专门针对英语教师发展的政策，我没有看到有明显的文件。它可能是针对整个教师的群体，没有专门针对英语老师。我认为在顶层设计方面也没有专门的政策，只是设立了人事科或者像我们教研室这样的一些部门去负责或者协调区内的一些

教师培训、人事调动、教学方面的工作……一方面，我希望区内能对教师的阶段性发展有一定的规划和管理；另一方面，学校的管理方面能为老师专业发展创造条件。（访谈广东区级中学英语教研员）

第二，新课标、新课程改革给英语教研员的工作带来了挑战。除了日常教研工作的困难和挑战以外，英语教研员反映新课标、考试改革都给他们的工作带来了新的挑战。在英语教研员全力组织各种教研活动帮助英语教师理解和执行新课标的时候，他们始终无法摆脱一个严重制约自己工作成效大小的掣肘，即中考、高考在形式和内容上的改革。由于教研系统和考试评测系统分属不同的行政机构，英语教研员无法了解自己带领教师所做的一切课堂改革措施和教学方法上的尝试是否会在评测过程中得到检验和支持。因此，他们始终不能充满信心地要求英语教师按照新课标的改革思路走下去，这种犹豫和彷徨自然也影响到英语教师不能放心地跟着英语教研员的思路进行教学改革。

受访英语教研员反映高考改革给各地方的英语教学都带来了一定的挑战。由于高考英语改革，中考会以高考为指挥棒，进行相应的调整。挑战主要体现在根据考试改革进行的教学调整，以及教学研究方向的调整。

没有完全按高考走，但是高考对中考是有影响的，这是肯定的。如今年我们做了一次幅度比较大的调整。我们的依据是什么？那就是今年这一届中考生是 2011 年新课标修订后，按照新课标对教材进行修订后的第一届毕业生，所以，我们相应地对前面的中考题做了调整，改变了将近 25 分。那么在修订的过程中依据是什么？自然要考虑高考，这是肯定的。（访谈甘肃市级中学英语教研员）

考试可能会给我们带来的挑战就是教学周期以及教学节奏的变化和影响。那么应对这个问题，最主要的是分不同的阶段加强学科规划。比如高中阶段三年，如果新的高考方案上面改成一年多考，有些学生可能会在两年半的时间里结束他们的高中学习，那我们在高中三年尤其是基础年级阶段，如何调整整个教学重心和重点，需要一个整体的规划。这方面工作做好的话，我认为效果可能会比较好。（访谈北京区级高中英语教研员）

部分地区英语教研员也表示了对高考改革的忧心：英语可能将不被重视，升学压力依然存在，改革后可能会出现新问题等。改革带来学制的转变会给学生的学习带来益处。对于此次中高考的改革，部分英语教研员认为不会对教育发达地区（如江苏、广东）带来太大的变化，因为他们的教育观念和方向是符合改革趋势的。

高考改革的确带来了变化，学校对英语教学不再重视。它给我带来的挑战是如何在这样的大环境下寻找适合自己发展的道路，在逆境中顽强生存，并生存得越来越好。（访谈广东区级

小学英语教研员）

英语高考改革给我的感觉就是带来运动式的教学改革。运动式的教学改革带来的是老师对自身角色定位非常困惑的局面，给教学工作带来很多的干扰。所以教师自身的价值、自身的定位都不准确，可以说，挑战是非常大的。另外，考试与教学是一对永远矛盾的问题，对（成绩）中下层的学生来说，要形成英语综合运用能力，本身难度就很大。现在我们的考试都是一纲多本，但是我们目前很多教师非常依赖教材，把教材当作课标的化身。他们认为教完教材就完成任务了，对于接受能力比较弱的学生来说，学好教材之后，有时候还不能在考试中取得好的成绩。（访谈广东区级中学英语教研员）

英语教研员在应对高考改革带来的教学、教研变化和挑战中起到教学辅助和支撑的作用，他们努力加强学科规划，调整教学，以应对改革。

我觉得中高考的改革就是，我们教研员的工作起着一个中间的教学辅助支撑作用。如果这个考试评价制度变化了，在教学方面肯定要进行调整。因为，如果说考试方面不再把英语学科作为一个选拔功能特别强的部分，而作为普及的话，那么肯定教学方面也就会把选拔的这个功能弱化，变为更好地指导学生怎么学好，那么教研也就会跟着转变。（访谈北京初中英语

教研员）

从挑战这个方面来讲，如果说现在真的要启动高中课程改革，还得恶补。如这次培训里面提到的核心素养问题，包括一些特征、新的概念，真的还需要回去做做功课，好好地思考一下。（访谈新疆市级英语教研员）

第三，自我发展的困惑和需要。很多教研员感到在新课程改革的历史任务面前存在着很大的困惑，他们也需要学习。

我总是这么想，实际上在课程改革当中，我们是跟教师一起成长的。因为很多东西我们过去想得也少，但是现在我们要想，而且要想在教师的前面，还得让教师能够接受。我们还得跟他们共同去受煎熬。（访谈北京丰台区某高中英语教研员）

这个"共同去受煎熬"真实地反映了部分教研员的心态，他们也同样面临挑战，同样需要转变观念接受新的事物，而不是像有些教研员给人留下的印象：他们已经克服了自身的局限，完全可以接受新课标的挑战了。在面对全新的理念和课程内容以及教学方法的转变时，教研员更加需要时间，需要静思，需要梳理和提高。一位教研员在个人的摸索和学习中，真实地感受到工作对她的挑战：

其实很多东西全靠悟性，自己琢磨，自己领悟。当然也会和同行学习和吸收（经验），但是如果你没有想法，很好的东西摆在你面前也没有感觉，那样很要命，就不会有提高。但是你又必须面对教师，必须给他们做培训，不停地掏空自己。如果没有从更高的角度和层面进行灌输，慢慢地就会觉得自己在枯竭，没有灵感，不知道该怎样面对老师，怎么给他们做培训。（北京石景山区某高中英语教研员）

虽然没有多少教研员明确地提出他们也需要系统地学习和进修，但是他们在言谈话语中所表现出来的危机意识和无奈，充分地显示出这样一群从优秀教师中走出来的教学带头人，虽然很多人都悟性极高，但是如果只有系统的行政支持而没有对他们这个群体在学术和专业上的不断指导和提升，他们很难在教研员的岗位上更好地发挥对广大教师在教学和教学科研上的引领和指导作用，再创做优秀教师时期的辉煌。更为可悲的是，由于工作上的繁杂和巨大的压力，不少教研员说不出自己有什么样的发展需求，很多人一时也说不出自己下一步有什么样的职业发展目标。

第四，教研员的行政工作对其教研工作产生了一些负面影响。多数英语教研员反映工作强度太大，行政事务太多，为应对上级领导的各种行政和业绩考核投入大量精力，写报告、写总结、填表等，以及其他一些事务性工作。这些杂事把教研员的工作时间打散了，使其无法全身心地投入到英语教学研究和指导工作中。这样的状况使得很多教研员像个不停旋转着的陀螺一样地工作，没有余力站在学术带头人的位置上引领教师在更高的层面上认识教改和课堂教学的先进理念。

　　首先，由于我负责的年级比较多，经常会感到力不从心。这种力不从心主要体现在要给教师一种个性化的指引，要跟进这个工作时，就会发现精力和时间都不够，所以，身体状况不是非常令人满意。另外，这个挑战还来自教研员的角色非常尴尬，很多部门都可以让我去干一些他们认为很重要的事情，这种行政化对教研员的影响是很大的。作为教研力量的骨干，很多琐碎的事情都需要教研员同时去完成，反而教研工作这一块要自己挤时间去做。（访谈广东区级中学英语教研员）

　　我最大的困惑？我跟那些青年老师一样，我也需要时间去整理我想做的事情……我想做自己想做的事情。领导更多的是想让我们展示出所做的工作，如我让底下员工都做了哪些工作。我要展示【这些】给领导。领导重视的是业绩，而我重视的是过程，所以，有些时候，我就要交报告，或申请课题等，时间就【这样】分散了……（访谈北京某区级初中英语教研员）

　　第五，行政归属不明确。教研员处于一种饼干"夹心"的地位。他们不是一线教师，不是具有决策权的领导，也不是研究部门的研究人员。正如一位退休的北京英语教研员指出：

　　我原先是一线教师，是全国政协委员，但到了教研部门，我就不是一线人员，就没有代表性了，说明教研员不是一线。但教研员又不是领导，在领导这个层次，也没有教研员。我们也不算一线教师，高校那边提工资没有我们，研究系统提工资也没有我们。（访谈北京某区级高中英语教研员）

教研员的工资比在校教师的工资低一些。因为教研员不参加实际教学，也失去了许多学校给教师发的课时费。正因为工资待遇不如在校教师，教研员队伍的更新存在困难。很多有能力做教研员工作的教师不愿意加入教研员的行列中。

第六，缺乏经费和当地行政支持成为英语教研员开展教研活动的最大障碍。

　　第一，我现在感觉做教研员最大的困难就是经费紧张，所以很多活动开展得就比较困难。第二，我觉得教研员的教研工作需要得到行政的支持，有了行政的支持，工作就比较好开展。为什么这么说？因为从学校也好，从地方教育行政部门也好，它都会更重视。（访谈湖北省级英语教研员）

此外，英语教师以女性居多，需要兼顾家庭生活。女性是教师主体。中国的传统文化中，女性也是承担家庭事务的主要力量。因此，部分女教师在兼顾工作和家庭时很难做到专心发展自身业务。该教师群体的特征也影响了教研员开展各种提升教学质量的活动。

因为从事教师（工作）的女性相对较多，在孩子小的时候还是很影响女教师专业发展的……现在好像还没有感觉到，家庭对她们造成的负面影响。可能现在很多年轻人有了孩子，都有老人帮忙。但是教师的工作还是比较辛苦，非常累。（访谈甘肃中学英语教研员）

（三）英语教研员的教育背景对工作的影响

结合 332 名英语教研员的个人背景，通过多变量主体效应检测，我们发现不同的片区、性别，教研员工龄、学历，教研员级别，是否为特级教师，毕业院校、毕业专业对工作中面临的困难和挑战产生主效应（见表 4 - 23）。这说明英语教研员的相关背景均会影响英语教研员在工作中面临的困难和挑战。例如，英语教研员的学历背景直接影响英语教研员能否建立符合当地实际情况的英语教师培训课程，也直接影响到英语教研员是否感到工作压力大。

总之，英语教研员工作压力巨大是很多研究人员的共同感受。为了完成他们所承担的教研、考研和科研三项主要任务，他们奔波于各个学校之间，听课、评课、组织示范课和各种教学技能竞赛，基本无暇顾及自己的科研或带领教师进行教学科研任务。一位教研员这样描述自己的工作："实际上市里的工作他得撑着，区里的工作他得撑着，区里本部门的工作他得撑着，但是教委行政那边其实还有很多的工作，可能还需要再去做，就是他像是在中间的那么一个点，然后你放射出去四面八方可能你都得撑着。"这个"撑"字生动地反映了教研员的工作状态。

表4-23 英语教研员相关背景对工作中面临的困难和挑战产生主效应

题项	片区	
	F值	P值
(5) 工作压力大	4.149	0.001
(7) 部门分割（如考试与教研分离）	3.917	0.001
(12) 组织本辖区与外辖区的教师交流难	2.550	0.020
(13) 日常教研活动的实效性不高	2.160	0.047
	性别	
	F值	P值
(13) 日常教研活动的实效性不高	10.610	0.001
	教研员工龄	
	F值	P值
(9) 请专家难	2.661	0.033
(12) 组织本辖区与外辖区的教师交流难	3.003	0.019
	学历	
	F值	P值
(5) 工作压力大	4.193	0.016
(15) 建立符合本地实际情况的系统培训课程	3.112	0.046
	教研员级别	
	F值	P值
(11) 教材质量不理想	3.308	0.038
	是否为特级教师	
	F值	P值
(3) 自身发展机会少	4.125	0.043

续表

题项	毕业院校	
	F 值	P 值
（4）行政归属不明确（教研员到底属于教师、科研人员还是行政人员?）	4.575	0.033
（5）工作压力大	9.750	0.002
	毕业专业	
	F 值	P 值
（12）组织本辖区与外辖区的教师交流难	4.044	0.045

第五章　结论与启示

本研究对来自全国七大区（华北、华南、华东、华中、西北、西南、东北地区）的 332 名中小学英语教研员开展了问卷调研，并对 41 名英语教研员进行了深度访谈，从英语教研员的工作内容与方式、英语教研员的角色与作用、英语教研员的工作评价、英语教研员的专业素养与专业发展，以及英语教研员面临的困难与挑战五个方面分析了英语教研员的工作现状。本章将呈现具体结论以及相关建议。

一、研究结论

问卷和访谈数据分析得出五个主要结论。第一，英语教研员更多地扮演了英语教师教学的专业指导者以及区域教学活动的组织者的角色。整体而言，英语教研员分别在不同程度上扮演了国家改革政策的转化者、教师教学的专业指导者、区域教学活动的组织者、教师专业发展的促进者和课程改革的推动者的角色。问卷中对英语教研员日常工作内容分析以及访谈编码分析显示，在宏观层面，英语教研员是落实、细化、实践地区教育政策的执行人，并在宏观政策和微观课堂实践中搭建桥梁。在微观层面，英语教研员更多地扮演了区域英语教研活动的组织者及英语教师教学的专业指导者。英语教研员基本具有丰富的教学经验，工作中更多地担任起英语教师教学专业指导者，也就是实践层面的指导者。这个角色具体微观，也是他们最有经验、最自信、最愿意花时间和精力去做的活动。一方面，英语教研员的教学专业指导作用有效地促进了英语教师课堂教学实践的改进，在常规教研活动中有效地促进了英语教师专业发展。另一方面，由于英语教研员自身理论深度和研究能力有待提升，不能在研究方面给予英语教师建设性指导，其专业指导更多停留在实践推广层面，缺乏理论提炼以及研究推广。要真正成为英语教师个性化发展的引领者，英语教研员还需要提升自身的理论素养，根据学校的具体需求，有针对性地引领英语教师的专业发展。

本研究并没有发现英语教研员的课程领导者作用。我们认为既有意识缺乏的因素，也存在能力不足的原因。我国长期实行中央集权的课程管理模式，教研员和教师几乎不参与课程设计，仅仅是国家课程意志的忠实执行者。教研员更多地关注教学，他们具备学科意识，不具备课程意识。新课程改革制定了国家、地方、学校三级课程管理政策，提高了课程的适应性。三级课程管理政策改革了国家管理过于集中的做法，但对教研员提出了更高要求。地方课程规划和设计及校本课程开发都需要深厚的学科底蕴，以及一定的教育教学理论修养。而目前英语教研员的整体水平还有待提升。

第二，英语教研员工作多指导与服务，少研究，具有重研教、弱研师、少研学的倾向。英语教研员的工作主要围绕提高辖区内英语教师的教学水平，传播新的英语教学理念，推广新的英语教学方法，在辖区内组织开展英语教研活动，以及教师培训几方面进行。尽管英语教研员工作内容和形式有所创新，如对英语教师进行分层培训；但整体而言，更多聚焦在服务与指导，缺少研究。

（1）重研教。这其中既有历史原因，也有英语教研员个人因素。我国教研制度建立初期的工作主要集中在教师培训，帮助教师解决教育教学中的问题，保障全国中小学恢复教育教学正常秩序。2001年以来新课程改革带来课程理念、课程管理和课程内容全方位的变化，各级教研部门的职能逐渐从教学管理和教学研究两大职能转变为以课程教材改革为中心的研究、指导、服务（梁威、卢立涛、黄冬方，2010）。课程改革对教研员来说是全新的、陌生的。有教研员认为新时期教研组织职能转变过度，教研员的工作重点仍旧是研究学科教学的核心问题（顾瑾玉，2014）；教研员还不具备承担多元职能的能力（翟立安，2010）。

（2）弱研师。问卷调查结果和访谈均显示，英语教研员在教师专业发展方面的指导不足，既有其意识层面，更多是教研员的能力方面。意识层面，教研员需要加强的工作内容显示，他们已经意识到促进教师专业发展是其未来需要加强的工作。传统课程范式下，英语教研员的工作是对教师自上而下地指导和示范（潘涌，2003）。英语教研员更多充当了"教学临床诊断者"（潘涌，2003），通过现场的听课做出权威性判断。新课程要求英语教研员成为教师专业发展的促进者，引领英语教师专业发展。这就要求英语教研员拓宽知识，用教育理论和课程理论武装自己的头脑，善于发现英语教师教学的独特性，以及英语教师个体间的差异性，支持并与英语教师一起互动、合作、协同。此外，新课程改革以来，国家为英语教师提供了更多参加培训的机会，如国培计划、省培项目，一批优秀的专家型英语教师脱颖而出。目前英语教师素质越来越高，尽管英语教研员经验丰富，但其参加进修、培训、考察的机会远少于一线教师。也有一些优秀英语教师成为英语教研员后逐渐放缓了自己发展的步伐，在指导英语教师方面已经感到吃力，不能切实满足英语教师的发展需求。

英语教研员目前开展的教研活动以集体的、制度性的教研活动为主，缺乏引导英语教师自我反思的自主性教研活动。英语教研员的工作目前仍然聚焦于英语教学质量提升，并没有引导英语教师在自我差异的基础上不断进行自我构建。另外，教研模式仍需进一步创新。

（3）少研学。传统课堂关注英语教师的教，缺乏对学生英语学习的关注。中华人民共和国成立初期，教师队伍良莠不齐。我国首创教研制度，教研员主要指导培训教师课堂教学实践以满足教学需要。长期以来，教研员研究怎么教、如何教。教什么则是学科专家的事情。另外，教研员本身多是优秀教师，更多关注教学方法、教材和考试的钻研。对"谁在学习"上研究甚少。新课程改革倡导以学生发展为本的教育理念，要求教师关注学生的个性差异，充分调动学生的多元智能，促进学生的个性化发展。本研究发现英语教研员并没有对学生的学习情况给予足够关注。但是，本研究发现英语教研员已经意识到制订辖区内英语教师进修、发展规划，组织申请英语教学研究项目是其未来需要加强的工作内容。

第三，目前我国缺乏科学统一的英语教研员的工作评价标准和制度。对英语教研员工作业绩评价产生影响的因素较多，既有自上而下来自领导的评价，也有来自英语教师的认可，如排在前面的影响因素包括辖区内英语教师是否满意、辖区内学校在英语考试中的表现、辖区英语教师在英语教学比赛中的获奖情况，以及辖区各学校领导和上级主管部门领导的满意情况。此外，英语教研员的课题研究及论文发表也对业绩评价有不同程度的影响。

目前关于英语教研员工作的评价主体和内容比较丰富，例如，评价主体既有主管部门的评价，又有英语教师的认可；评价内容既涉及英语教研员的职业道德、职业精神、工作态度、工作能力等方面，也有来自学生的英语考试成绩作为参考。但大多数（88.3%）英语教研员认为自己的工作没有得到公正的评价。优秀英语教研员得不到鼓励，工作能力弱或效果差的英语教研员也得不到惩罚。英语教研员认为当前的评价标准存在缺陷。英语教研员工作缺乏全国性质或者地区性质的评价准则，地区各自为政，标准碎片化，缺乏客观的评价标准和考核制度。现有部分地区参考了行政事业单位的评价标准，但是评价不够细化，无法做到量化统一，尤其缺乏对教研员专业能力的评价标准。大多数英语教研员表示工作都是"良心活"。仅仅靠英语教研员的信念理想，没有机制保障将影响工作的持续性。积极的评价机制是促进英语教研员专业发展的动力和手段，我国亟待健全与完善全国性质的英语教研员工作评价标准。只有将英语教研员的工作置于科学合理、规范统一的评价机制，才能保障英语教研员的工作成效，促进其专业发展。

　　第四，我国目前缺乏系统、专业的英语教研员职前、职中专业发展体系。2001 年教育部颁发《基础教育课程改革纲要（试行）》后，开发地方课程、指导校本课程开发、促进教师专业发展、指导教育教学、考试测评等都被纳入教研员的工作职责范畴。英语教研员的职能日趋多元化，对英语教研员的要求不仅仅是优秀教师，其超越教师工作业务范围的专业性日趋强化。很多英语教研员是因为其自身教学优秀，被选拔为教研员，至于如何成为一名合格的英语教研员则任由英语教研员在工作中自行摸索。职前教育中，师范生很少接触教研概念，职中也缺乏对教研员的适切培训。现有针对英语教研员的培训数量不仅少，而且培训主题零散，缺乏系统性。此外，由于英语教研员准入机制尚不健全，英语教研员学科素养的发展不均衡，加之英语教研员身份特殊，学习提高的内驱力不平衡，在新课程改革深入推进、英语教师素质整体提升的背景下，不少英语教研员遇到专业素养的挑战。我们的研究发现，英语教研员在工作中多输出，少输入，有"被掏空"的感觉，导致其专业发展受限。

　　第五，本研究发现英语教研员工作地区、自身学历对其工作内容和工作形式、在当地担当的角色和发挥的作用产生不同程度的影响。该影响的具体形式还有待进一步调研。教育的均衡发展一直是我国的一个重要议题。英语教研员的均衡发展是促进我国基础英语教育均衡发展的重要因素。

二、研究启示

基于本研究的发现，我们针对英语教研员的专业发展提出五条建议。

第一，明确英语教研员专业发展目标，细化英语教研员专业发展内容。学理上，我们需要进一步明确英语教研员的专业发展方向。这需要研究者回到本原，根据英语教研员的核心能力和发展规律，来确定英语教研员的角色定位、英语教研员的职能定位、英语教研的概念本质。只有定位清晰，才能制定相应的目标和发展内容。这些问题的研究直接影响英语教研员的未来发展之路。实践上，我们建议进一步开展全国的、规模性的、地域性的、学段性的有关英语教研队伍的调查研究，从学校、教师、政府多角度了解各方对英语教研员的角色期待，以及英语教研员的专业素养和现实发展诉求。

第二，有必要提升英语教研员的理论水平、研究能力和表达活力，促进英语教研员做实践的研究者和研究的实践者。要确立英语教研员作为研究主体的优势地位，提高英语教研员的研究能力，英语教研员必须提升自身的理论水平。我国教师教育专业的课程设置长期以来重专业知识，轻教育理论。尽管英语教研员是依托英语专业，具有相应学科的知识体系和理论素养，但是普遍缺少教育理论素养，如教育哲学、教学社会学、教育心理学、课程与教学理论等。这导致英语教研员在工作中局限于英语学科领域，无法利用教育理论来指导自己的工作实践。

新课改以来，教研工作重心从"学科教学"转向"学科教育"，教学目标从"知识传授"转向"素养提升"（罗滨，2016）。英语教研员不仅需要实用的理论、能上手的理论、接地气的理论，也需要宏观的教育理论。只有在宏观的教育理论视野下，英语教研员才能深刻地理解课堂教学实践发生的问题。理论素养提升既能够强化英语教研员的教学指导能力，又能增强英语教研员的研究意识，提高其研究水平。英语教研员可以通过叙事研究、行动研究等开展教学研究，在日常研究过程中逐渐培养自己的反思意识，提升反思能力。此外，充分利用教育叙事、课堂日志、案例分析、教学评论乃至教学语录等多文体的表达体系（潘涌、朱嬉，2010），催生英语教研员教学研究的表达活力，最大限度将英语教研员的工作"成果化"，将成果"显性化"。

第三，建立英语教研员的国家准入制度，完善英语教研员工作评价标准。目前尚无文件和文献显示国家层面关于英语教研员的准入制度。研究发现，很多英语教研员是由优秀英语教师转岗为英语教研员，也有少量本科毕业生直接进入教研系统工作的情况。相关部门可以参照教师资格证的获取条件，建立英语教研员的国家准入制度。现有关于英语教研员的评价考核制度多是地方政府或各教研机构自行研制，如山东省出台了《山东省基础教育教研工作基本规范（试行）》，该制度对教研员新的教研活动行为进行了规范，如跟进式教学指导制度、教研员联系学校制度、教育质量监测制度、教学示范与助教制度等（董绍才，2013）。我国有必要制定全国性质的英语教研员考核和工作评价标准，在此基础上各地方政府以及教研机构结合地方实际，明确细化各地英语教研员工作评价标准，将英语教研员工作置于国家标准和地方标准的考核评价体系。

第四，建立专业、系统的英语教研员培训体系。我国有必要建立专门针对英语教研员发展的机构，且在师范院校或者教师教育部门设置有关教研员的课程（梁威、卢立涛、黄冬芳，2010）。这一方面可确保教师教育专业的学生在职前对教研工作性质、工作职责有所了解；另一方面，可根据教研员工作的发展规律和实际需求制订培训方案，设置培训课程，将英语教研员参加职后培训的课时与其工作年限结合，建立定期培训制度。相关部门可参照中小学英语教师培训项目建立英语教研员专项培训项目，分期、分批确保在职英语教研员能够获得长期、稳定、有效的培训。另外，相关部门需要积极调动与整合高等院校、科研院所等各种专业学术力量，构建专业支持体系，构建大（大学）、中（教研员）、小（一线教师）结合的学习共同体，更好地发挥英语教研员在理论层面和实践层面相互转化的中介作用，促进英语教研员和教师的专业发展，加快高等院校教育教学理论向实践转化；同时，建立英语教研员定期走进课堂，开展下水课的教研制度，强化课堂实践作为英语教研员专业发展的途径，改变英语教研员研久不教的现状。

第五，加强地区之间协同合作，促进英语教研员素质均衡发展。本研究发现，所处地区对英语教研员的工作内容和工作方式有不同程度的正面或负面影响。目前我国各个地区、各个城乡级别、各个学段均有自己的英语教研队伍。各级教研机构要不断改进和完善教研制度和工作方式，可以根据地区成立教研联盟，搭建网络平台，以区域教研、联片教研、网络教研等多种形式，营造广泛参与、合作交流、民主开放的工作氛围，实现资源共享，促进英语教研员队伍的均衡发展，从而促进基础英语教育的均衡发展。

参考文献

[1] 毕景刚，韩颖. 教师专业发展背景下教研员的角色与职业素养研究 [J]. 教学与管理，2014（6X）：31-33.

[2] 毕景刚，韩颖. 专业发展背景下的中小学教研员能力结构研究 [J]. 教育理论与实践，2016（14）：38-41.

[3] 陈瑞生. 引领课程与教学，教研员的核心价值取向 [J]. 教研理论与实践，2010（2）：7-9.

[4] 崔允漷. 论教研室的定位与教研员的专业发展 [J]. 上海教育研究，2009（8）：4-8

[5] 丁文平. 教研员专业发展：一个不容忽视的话题 [J]. 思想，2009（8）：50-52.

[6] 董绍才. 我国基础教育教研室制度的历史嬗变 [J]. 上海教育科研，2011（1）：24-26.

[7] 凤光宇. 教研员专业发展的抓手：课程教学实践 [J]. 上海教育科研，2009（8）：16-17.

[8] 符文娟，李幽然. 后现代教研思想对教研员的工作启示

[J]．内蒙古师范大学学报，2011（10）：24－26．

[9] 龚兴英．中小学教研活动的历史演变与发展走向 [J]．教师教育学报，2015（3）：82－95．

[10] 顾瑾玉．教研员身份认同的困惑：表现与原因：一位教研员的自我审视 [J]．教育学报，2014（6）：75－79．

[11] 关晓明，蒋国珍．教研员引领的网上教研活动研究 [J]．中国远程教育，2009（9）：56－63．

[12] 何文明．论教研员在校本教研中的角色转换和指导策略 [J]．上海教育科研，2012（5）：61－63．

[13] 何晓波．四大对策：提升教研员五种核心能力 [J]．中小学管理，2013（9）：37－38．

[14] 胡进．新形势下教研员的素质 [J]．教育科学研究，2003（4）：54－55．

[15] 胡惠闵，汪明帅．课程改革背景下的教研员角色：基于一位区县教研员的个案考察 [J]．全球教育展望，2017（12）：85－100．

[16] 花文凤．我国教研员专业发展的思考 [J]．课程·教材·教法，2018（10）：117－123．

[17] 李丽桦，张肇丰．新时期教研员专业发展问题的讨论 [J]．上海教育科研，2009（8）：9－13．

[18] 李玉明，梁秀香．我国"教研员"研究的文献计量分析 [J]．上海教育科研，2013（8）：17－20．

[19] 梁芹，蒋丰．对教研员专业发展的思考 [J]．成都教育

学院学报，2004（10）：22－23.

［20］梁威. 触摸中国基础教育的脉动：中国特色教研制度区域发展的回顾与展望［M］. 北京：教育科学出版社，2011.

［21］梁威，李小红，卢立涛. 新时期我国基础教育教学研究制度：作用、挑战及展望［J］. 课程·教材·教法，2016（2）：11－16.

［22］梁威，卢立涛，黄冬方. 中国特色基础教育教学研究制度的发展［J］. 教育研究，2010（12）：77－82.

［23］梁威，卢立涛，黄冬芳. 撬动中国基础教育的支点：中国特色教研制度发展研究［M］. 北京：教育科学出版社，2011.

［24］刘海燕. 教研员的角色定位与发展期待［J］. 教研理论与实践，2012（14）：27－29.

［25］刘懿. 教研员专业发展的问题与出路［J］. 教学管理，2011（10）：11－13.

［26］刘月霞. 质量大计，教研为先［J］. 人民教育，2019（21）：13－17.

［27］卢立涛，梁威，沈茜. 我国中小学教研员研究的基本态势分析［J］. 教师教育研究，2013（6）：68－73.

［28］卢立涛，沈茜，梁威. 职业生命的"美丽蜕变"：从一线教师到优秀教研员——兼论教研员实践性知识的生成过程［J］. 教师教育研究，2016（3）：73－79.

［29］卢立涛，沈茜，梁威. 试论区县级教研员实践性知识的构成及特征：以北京市区县级教研员为例［J］. 教师教育研究，2018

(6)：112 –118.

　　[30] 卢乃桂，沈伟. 中国教研员职能的历史演变 [J]. 全球教育展望，2010 (7)：66 –70.

　　[31] 罗滨. 教研员十大素养促进教研升级 [J]. 人民教育，2016 (20)：28 –31.

　　[32] 江淑玲，蔺素琴. 教研员指导教学策略研究：情境界定理论的视角 [J]. 教育发展研究，2019 (10)：66 –77.

　　[33] 马梅铃. 浅谈岗位聘任制度下教研员队伍的管理 [J]. 福建论坛 (人文社会科学版)，2011 (专刊)：157 –158.

　　[34] 马云鹏. 课程与教学论 (2 版) [M]. 北京：中央广播电视大学出版社，2005.

　　[35] 潘涌. 教研员：解放教师教与研的创造力：基于十年新课程实施的背景 [J]. 当代教育论坛，2015 (1)：12 –20.

　　[36] 潘涌. 教研员职能转变与使用机制改革 [J]. 教育发展研究，2008 (Z4)：17 –20.

　　[37] 潘涌. 论新课程与教研员职业角色的创新 [J]. 全球教育展望，2003 (1)：61 –63.

　　[38] 潘涌，朱嬉. 教研员如何强化教研创造力 [J]. 教育科学研究，2010 (9)：51 –54.

　　[39] 秦磊. 论以专业服务理念完善教研组织架构 [J]. 教育研究，2013 (4)：46 –50.

　　[40] 沈伟. 中国大陆教研员：制度形成与身份建构 [J]. 全球教育展望，2013a (12)：60 –67

[41] 沈伟. 教研员作为边界工作者: 意涵与能力建构 [J]. 教育发展研究, 2013b (10): 70-74.

[42] 宋萑. 论中国教研员作为专业领导者的新角色理论建构 [J]. 教师教育研究, 2012 (1): 18-24.

[43] 宋文君. 我国教研员研究领域的热点与趋势: 基于关键词共词聚类、突现词共现图谱的计量分析 [J]. 课程·教材·教法, 2018 (10): 124-130.

[44] 王凤鸣. 基于新课改的初中英语教研员专业发展问题研究: 以黑龙江省为例 [D]. 哈尔滨: 哈尔滨师范大学, 2016.

[45] 王洁. 在支持教师成长中成就自己: 教研员专业成长的案例研究 [J]. 人民教育, 2011 (11): 47-50.

[46] 王培峰. 教研员职能转变的定位与路径 [J]. 中国教育学科, 2009 (2): 81-84.

[47] 魏宏聚. 课程范式转型与教研员角色重塑 [J]. 中国教育学刊, 2010 (3): 47-49.

[48] 徐承芸. 新课改背景下教研员"下水教研"策略 [J]. 教育学术月刊, 2009 (11): 63-64.

[49] 闫晓丽. 关于我国教研员的研究: 基于2004—2013年研究文献的分析 [J]. 课程教学研究, 2014 (12): 24-28.

[50] 杨明全. 课程论 [M]. 北京: 中国人民大学出版社, 2016.

[51] 杨小敏, 向蓓莉. 促进并引领富有研习智慧的教学协作 [J]. 中国教育学刊, 2011 (6): 73-76.

［52］袁晓英. 区域层面提升教研员课程指导力的实践探索
［J］. 上海教育科研, 2010 (1): 61 - 62.

［53］翟立安. 教研员担当"专业的课程领导者": 与崔允漷教
授商榷［J］. 上海教育科研, 2010 (2): 52 - 53.

［54］张广斌. 转型与使命: 新时期教研队伍建设研究［J］.
2011 (11): 74 - 76.

［55］赵可云, 杨鑫. 教研员区域信息化教学引领力模型研究
［J］. 电化教育研究, 2017 (3): 116 - 122.

［56］赵尚华. 教研转型: 以上海初中英语教研为例［J］. 英
语教师, 2015 (3): 25 - 28.

［57］赵虹元. 我国教研员角色的变迁与展望［J］. 课程·教
材·教法, 2018 (10): 111 - 116.

［58］周燕, 文秋芳, 杨鲁新. 以教研员为中介的北京市中学英
语教师培养体系研究［R］. 研究报告, 2011.

［59］朱志平. 改善教研方式, 提升教研水平［J］. 全球教育
展望, 2003 (8): 51 - 55.

附　录

附录1　中小学英语教研员工作现状调查

尊敬的教研员老师：您好！

谢谢您参与这项调查！本调查的目的是了解我国中小学英语教研员的工作现状，为建立稳定、有效的教研员专业发展平台和长效机制提供实证数据，因此回答无对、错、好、坏之分。我们会对您的个人情况和意见严格保密，且郑重承诺所收集的数据仅用于本项目。另外，如您感兴趣，我们将优先为您提供机会参加北外组织的教研员培训活动及学术会议（需要您填写问卷末尾的个人联系信息）。

北京外国语大学中国外语教育研究中心

2014 年 7 月

请您先回答方框中的问题（请在对应的方框中打"√"或填写相关信息，下同）。

我是_____省_____市_____区_____县
□ 1. 全职教研员 □2. 兼职教研员

第一部分：基本信息

1. 我的性别：□ 1. 男 □ 2. 女。

2. 我的年龄：_____岁。

3. 我的教龄：_____年。

4. 教研员工作时间：_____年。

5. 我的学历：□ 1. 大专 □ 2. 本科 □ 3. 硕士 □ 4. 博士
□ 5. 其他（请注明_____）。

6. 请从下面的（1）（2）（3）中选择一条填写：

（1）我是 □ 小学教研员，我的职称是：

□ 1. 小二 □ 2. 小一 □ 3. 小高 □ 4. 小中高。

（2）我是 □ 初中教研员，我的职称是：

□ 1. 中二 □ 2. 中一 □ 3. 中高。

（3）我是 □ 高中教研员，我的职称是：

□ 1. 中二 □ 2. 中一 □ 3. 中高。

7. 我 □ 1. 是小学特级教师 □ 2. 是中学特级教师 □ 3. 不是特级教师。

8. 请根据实际情况尽可能详细填写如下信息：

（1）我大专毕业的学校是_____，专业是_____，属于

□ 1. 师范类　□ 2. 非师范类。

（2）我本科毕业的学校是_____，专业是_____，属于

□ 1. 师范类　□ 2. 非师范类。

（3）我硕士毕业的学校是_____，研究方向

是_____。

（4）我博士毕业的学校是_____，研究方向

是_____。

第二部分：现状

9. 作为一名英语教研员，我的主要职责是（请在对应的方框中

打"√"或填写相关信息）：

	1. 完全不符合	2. 不太符合	3. 基本符合	4. 完全符合
（1）提高辖区内英语教师的教学水平				
（2）传播新的英语教学理念				
（3）推广新的英语教学方法				
（4）提高辖区内教师的科研能力				
（5）在辖区内组织开展英语教师培训				
（6）如有其他职责，请详细说明				

10. 我的日常工作是（请在对应的方框中打"√"或填写相关信息）：

	1. 完全不符合	2. 不太符合	3. 基本符合	4. 完全符合
（1）为辖区内教师做教材分析				
（2）为辖区内教师做专题讲座				
（3）组织并指导集体备课/说课				
（4）组织并指导公开课/观摩课/研究课				
（5）到辖区内各学校听课				
（6）组织教师基本功比赛				
（7）辅导辖区内教师参加各级各类学科竞赛				
（8）研究考试并出题（如统考、模拟考试等）				
（9）分析、评价考试结果				
（10）请专家来辖区做讲座				
（11）制订辖区内教师进修、发展规划				
（12）组织教学论文评比				
（13）参加评比工作（如教学论文、基本功）				
（14）组织申请教学研究项目				
（15）如有其他工作，请详细说明				

11. 在以下教研活动中，我认为（请选择三项，在对应的方框中按照程度由高到低排序，1＝最高，2＝第二，3＝第三；或填写相关信息）：

	1. 我投入精力最多的三项	2. 最重要的三项	3. 未来需要加强的三项	4. 教师们最感兴趣的三项
（1）为辖区内教师做教材分析				
（2）为辖区内教师做专题讲座				
（3）组织并指导集体备课/说课				
（4）组织并指导公开课/观摩课/研究课				
（5）到辖区内各学校听课				
（6）组织教师基本功比赛				
（7）辅导辖区内教师参加各级各类学科竞赛				
（8）研究考试并出题（如统考、模拟考试等）				
（9）分析、评价考试结果				
（10）请专家来辖区做讲座				
（11）制订辖区内教师进修、发展规划				
（12）组织教学论文评比				
（13）参加评比工作（如教学论文、基本功）				
（14）组织申请教学研究项目				

12. 对我工作业绩的评价标准通常是（请在对应的方框中打"√"或填写相关信息）：

	1. 完全不符合	2. 不太符合	3. 基本符合	4. 完全符合
（1）上级主管部门领导是否满意				
（2）辖区内各学校领导是否满意				
（3）辖区内教师是否满意				
（4）辖区内教师是否在比本辖区更高级别教学比赛中获奖				
（5）辖区内教师是否在比本辖区更高级别教学论文比赛中获奖				
（6）辖区内学校在各类（如统测、毕业考试、升学考试等）考试中的成绩				
（7）如有其他标准，请详细说明				

13. 我认为自己的工作得到了公正的评价（请在对应的方框中打"√"）。

☐ 1. 完全不同意　☐ 2. 不太同意　☐ 3. 基本同意

☐ 4. 完全同意

14. 在我所在辖区的基础英语教育中，我认为（请在对应的方框中打"√"或填写相关信息）：

	1. 完全同意	2. 基本同意	3. 不太同意	4. 完全不同意
（1）教研员应该是本地基础英语教育的引领者				
（2）教研员应该是本地基础英语教师专业发展的促进者				
（3）教研员应该是本地基础英语课程改革的推进者				
（4）教研员很难影响辖区内教师的教学理念				
（5）教研员很难影响辖区内教师的教学方法				
（6）教研员的工作与本地基础英语教育质量之间没有直接关系				

15. 我在工作中面临的困难和挑战是（请在对应的方框中打"√"或填写相关信息）：

	1. 完全不符合	2. 不太符合	3. 基本符合	4. 完全符合
（1）行政干预多				
（2）教研员待遇低				
（3）自身发展机会少				
（4）行政归属不明确（教研员到底属于教师、科研人员还是行政人员？）				
（5）工作压力大				
（6）新知识及理念更新快，自己跟不上				
（7）部门分割（如考试与教研分离）				
（8）贯彻新理念难				
（9）请专家难				
（10）经费缺乏				
（11）教材质量不理想				
（12）组织本辖区与外辖区的教师交流难				
（13）日常教研活动的实效性不高				
（14）调动教师参加培训的积极性				
（15）建立符合本地实际情况的系统培训课程				
（16）如有其他困难和挑战，请详细说明				

16. 我对自己下列情况的满意程度是（请在对应的方框上打"√"或填写相关信息）：

	1. 完全不满意	2. 不太满意	3. 基本满意	4. 完全满意
（1）英语语言水平				
（2）英语教学能力				
（3）英语教学理论				
（4）英语教学研究能力				
（5）做教材分析的能力				
（6）做专题讲座的能力				
（7）组织教研活动的能力				
（8）开展教研活动的效果				
（9）开展教师培训的效果				
（10）和主管部门领导的关系				
（11）和辖区内教师的关系				
（12）自己的进修机会				
（13）如有其他尚不满意的方面，请详细说明				

17. 过去三年我自己参加过的培训中，给我印象最深的培训是＿＿＿＿＿＿＿＿＿，培训主题为＿＿＿＿＿＿＿＿＿，培训机构是＿＿＿＿＿＿＿＿＿＿＿＿。

18. 如果有教研员培训项目，＿＿＿＿＿（请选择三项，在对应的方框中按照程度由高到低排序，1＝最高，2＝第二，3＝第三；或填写相关信息）：

我感兴趣的培训主题是_____	我最期待的培训方式是_____
（1）有效的教学方法	（1）讲座（lecture）
（2）外语教学理论	（2）专题研讨（seminar）
（3）新课标理念下的教学模式	（3）工作坊（workshop）
（4）多媒体辅助教学方法	（4）示范课（demonstration）
（5）如何组织教师培训活动	（5）课例研究（lesson study）
（6）教师学习和发展的理论	（6）其他，请注明
（7）外语教学研究方法	
（8）其他，请注明	

19. 如果有教研员培训项目，我通常考虑是否参加的三个最主要因素是（请选择三项，在对应的方框中按照程度由高到低排序，1 = 最高，2 = 第二，3 = 第三）：

（1）是否在假期中举办	（2）有经费支持
（3）离家远近	（4）培训时间长短
（5）培训内容	（6）培训方式
（7）授课教师	（8）其他，请注明

20. 如您愿意接受后续短时间访谈或参加我们的教研员培训/学术活动，请留下您的联系方式：

□ 1. 愿意接受访谈　□ 2. 愿意参加活动　□ 3. 都愿意

姓名：_____；电邮：_____；

电话：_____；QQ：_____；

其他：_____。

您已经完成全部问卷。再次感谢您的参与！

138

附录 2　教研员访谈提纲

1. 您什么时候开始做教研员的？在这个过程中发生过什么关键事件？

2. 您现在工作的主要任务是什么？

3. 您所在的区对英语教师的发展的政策和措施都有哪些？效果怎么样？

4. 您一般采用哪些形式对教师进行培训？培训的内容是什么？效果怎样？能举个例子吗？投入精力最多的教研活动是什么？需要加强的是什么？

5. 您觉得这些做法在多大程度上解决了目前小学/中学英语教师最需要解决的问题？

6. 根据您的了解，您这个区的小学/中学英语教师最需要解决的问题是什么？

7. 您对自己所了解到的区里的英语教学情况怎么评价？好的方面？不好的方面？

8. 教师现在最希望得到的培训机会是什么？最希望提高的是哪个方面？

9. 您的工作主要由谁来评价？评价标准是什么？

10. 您觉得目前妨碍教师们不断提高自己的阻力是什么？工作？生活？（聚焦于工作）

11. 您在当地英语教师发展和英语教育中发挥了什么作用？

12. 您对自己作为教研员比较（不）满意的方面是什么？

13. 您在工作中的主要困难和挑战是什么？

14. 描述一次您比较满意（效果好、有收获）的受训经历。对您而言，比较亟须的在职培训主题和合适的培训方式是什么？对您所在地区的教师而言，比较亟须的培训主题和方式是什么？

15. 您认为教研员应该具备什么素质？

16. 英语中高考改革给您的工作带来了什么变化和挑战？如何应对？

附录3　访谈转写后进行编码分类

教研员工作现状

1. 教研员背景信息

　1.1 教研员自然情况

　1.2 工作经历中的重要事件

　1.3 担任教研员的动机

2. 教研员的日常工作

　2.1 工作职责

　2.2 工作内容

　2.3 工作方式

3. 教研员作用、素质及评价

  3.1 角色

  3.2 作用

  3.3 素质

  3.4 教研员评价

    3.4.1 自我评价

    3.4.2 其他评价标准

4. 教研员的困难与挑战

  4.1 工作强度

  4.2 发展空间

  4.3 行政角色

  4.4 经费与支持

  4.5 教师发展阻力

  4.6 改革带来的问题与挑战

5. 教研员的培训

  5.1 印象深刻的培训

  5.2 亟须的培训

  5.3 其他相关情况

    5.3.1 所在地英语教学情况

    5.3.2 教师相关情况

      5.3.2.1 教师发展政策

      5.3.2.2 教师培训

        5.3.2.2.1 内容形式

附录4　访谈案例

时间：2015 年 11 月 14 日

访谈者：杨鲁新（Y）

受访者：黄老师（H）

H：2005 年做高中老师时去过，做了教研员之后，好像没有参加过国培计划项目，再没有被培训过。

Y：上次你跟我讲你做教研员没多久，你是什么时候开始的？

H：2011 年 4 月。

Y：现在也就 4 年多。你没有参加过任何培训吗？

H：参加过培训，但是像我们原来在北大参加过的那个国家社科培训，类似这样的培训没有过。

Y：哦，你是说类似开会的这种培训，开会不叫培训吗？

H：开会不叫培训，那个是专门的培训。

Y：就是没有专门给教研员的培训？

H：应该也有，但是我没有，我从进教研部门以来，好像没有参加过像北大的那种。

Y：北大那是哪一年的培训？

H：是 2005 年，就是新课标刚出来时。

Y：那你当时（参加的）是什么性质的培训？（培训）几天呢？

H：好像有一个多星期吧。

……

H：那是新课标刚出来的时候，做的普及性的培训，我记得那时候给我们培训的是南师大的教授，因为我原来在南师大念过教育博士。相对来说是（对）培训者的培训，就是希望我们回去。

Y：能不能给我讲讲你的背景？你说你 2011 年做教研员，你之前都在做什么？

H：我 1991 年大学毕业，××大学英语教育系。但是我们是偏文学方向，没有学多少教学法。毕业后我就去了江苏省××高级中学，那是我们当地最好的一个高中，我在那里待了 19 年，应该是一直教高中英语。然后我教过两年初中，那个初中是我们高中班的一个教改班，相当于从小学里收的最好的孩子过来，一年上完初中三年的课程，是那样的性质。相当于也有两年的初中教学经验吧。后来就是一直在（教）高中了。

Y：那你是怎么当上教研员的？

H：我是 2010 年从省城中学出来，到我们那边一个高职大专院校英语系里面做了半年的老师。我觉得那个地方不太适合我，或者我不太适应那个地方，因为那里主要是就业、高职方向的，跟我所想象的大学还是有所不同的。后来我又回到基础教育界，因为毕竟我在那里工作了将近 20 年，把那些经验全部丢掉的话比较可惜。正好教科院有个机会，有小学英语教研员退休，然后就说"你去考吧"，那我就去考，就考上了。

Y：你是考的教研员？

H：对，我们三个人经过笔试，两轮面试，然后进去了，后来就做了小学英语教研员。正好在那里有一个空缺。

Y：那就很有意思，因为据我所知，北京这边都是选拔上来的，没有考试。

H：其实一般来说，很多都是选拔，基本上都是。我是比较特殊的，因为我出去了再回来，所以可能跟人家比，程序要复杂一些。其他教研员基本都是选拔式的。

Y：那你在高中的时候是不是有很多头衔，（比如）优秀教师，特级教师等？

H：我没做过特级教师。因为我不是那么上进的一个人，而且对我来说职称相对比较重要，因为是高级（职称）。对我们来说，因为还没有（评）正高（的资格），相对来说，中学高级教师也是最高（级别）了，我觉得我拿到这个可以了。当然我也可以去评（学科）带头人、骨干教师，但我觉得太麻烦。

Y：你都没有参加过那些（考评）？

H：对，我都没有。我们领导当然对我也有过期待，也跟我谈过。但是我这个人还是比较随性的，我觉得那不是我想要的，所以我就没有去做。但是我是我们高中的省教研组长，还是我们当时高中英语教研员的兼职教研员，可以说，在高中英语这一块，在×州这一块，还是有一定的影响力的。（我的）教学（成绩）也在那里，但是我的性格也是比较个性一点儿的，所以大家都知道我是这个脾气，后来也就不逼我了。相对来说，在教研室比较宽松，可以做自己想做的事情，其他方面也不太用顾虑。因为我觉得那个东西太麻烦，太吃力，对我也没有太大（争取）的必要性。

Y：但是你在当高中老师的时候，你的教学效果还是很好的，是吗？

H：对，是的。因为我绝大部分是带高三，我不太喜欢做班主任，领导每次让我选高三还是班主任的时候，只能是（选）高三。后来是我到南师大念了教育硕士回来那一年，领导不管我愿不愿意，就给了我一个高三的文科班，让我做班主任……高二分班的时候就是我做的，当时闹了很多别扭，但是最后还是接下来了。做了一年的班主任，那一级考得还是很好的，就又让我做了一届文科班的（班主任）。文科班是特别麻烦的，因为是后来组成的，是相当棘手的一个班级，做了两年半，高二半年、05届一年、06届一年，后来我就坚决不做（班主任）了。因为我做了班主任之后，就会对学生有很多要求，学校方方面面也提出了一些量化管理要求，有些东西是我本身就不太认可的，我还非得说服我的学生去接受……后来我跟领导提出来的理由就是，我要人格分裂了，因为我现在在做我自己不愿意做的事情。我觉得就是两个人格在那里打架，后来我交了辞职信，最后领导才不让我做了，在高中做了将近20年的老师，只做过两年半的班主任，（像我这样的）应该是非常非常少见。但是可能我们那个学校相对来说也很人文，所以给我的宽松度比较大。

Y：可能是你教书教得好，不想失去你，所以对你挺宽容的。

H：对，我们学校在××市各个学校来说管理是相对最人文的，当然也是我在那里待的时间比较长，大家比较知根知底，所以有些事情好通融一些。

Y：你现在还在××市吗？

H：对。

Y：但是从高中老师到小学教研员，你觉得这个跨度大不大？因为你之前没有教过小学？

H：其实很奇妙的是我在高中的时候教过一个月的小学，是有一年高三考完了，领导觉得我们比较清闲，正好我儿子还在上学，他那个学校缺老师，然后领导让我去带一个月的课。

Y：那个小学属于你们学校吗？

H：不属于，那是另外一个，也是最好的一个学校。然后我就带了一个月小学的课。那个时候就觉得小学老师非常不容易，因为上课的任务比高中要麻烦得多，而且小学的课对于我这个高中老师来说还是很难驾驭。因为老师（上课时的）表现力，话语系统等都是不一样的，（小学老师）说话（语气）比较夸张，所以那个月还是很纠结的。当时我是跟在一个小学老师后面，她上一节课，我听一节课，我们再操作，再来看看。所以我在做小学教研员之前跟小学还是有过一次缘分的。

从高中到小学，一开始的时候确实不太适应，需要一个转变的过程，但是我觉得我这个转变的经历不痛苦，而且我现在还在教书。虽然已经做小学教研员四年了，但我一直觉得我跟小学还是属于蜜月期，我非常喜欢这份工作。所以一直想我走这一步是走对了，当年我走出来的时候，大家都（觉得）非常可惜，因为在那边有一个很好的位置啊，（有）很好的积淀，结果又出来了，回到了小学。

一开始的时候还是有些冲击，但是进去之后发现有很多可做的东西，而且我一直觉得我的团队是非常好的，我的小学老师们非常棒，我非常欣赏也非常尊敬他们，这一点可能跟我的前任同事有些不同。所以可能我跟他们相处的一种方式让他们（感觉）更舒服，他们跟我的工作之间的配合度也蛮高的，我要做什么项目基本都能够推动下去，而且又（有）很多老师在帮我。我一直在想，我脑子中的想法是一个蓝图，这些老师把这些蓝图造了出来，而且造得比我想象得更好，这就是我觉得我的小学老师非常非常棒的地方，所以我非常欣赏他们，也非常感激他们。

我一开始做教研员的时候，推的是语篇教学。前期我就是大量听课，到处听。我不说话，因为我知道我没有发言权。听下来的一个感觉就是说小学里面可能……跟我们原来的教材安排有关系，（教材有）A、B、C三个板块，A板块就是语篇，B、C板块就是词汇跟语法，我发现所有的小学都是先把字词教完，然后语篇教得非常快，基本上问一个问题就过去了，语篇的这种阅读价值、阅读策略训练都是没有的。更可能是（从）我这个高中的老师（角度）来看，语篇教学非常奇怪，因为按道理来说，虽然孩子在小学处于处理文本的识字阶段，但是老师不能就剥夺他真实的阅读经历，他的阅读体验，而且你不让他去学习、掌握一些策略，等学生进入初中大量阅读的阶段就会遇到障碍，所以我当时就在推语篇教学。

一开始的时候，说实话，推得还是比较困难的，因为老师毕竟做了差不多 10 年吧，从 2001 年开始到 2011 年，10 年这样的教学方式他习惯了。然后你要让他语篇先行，随文识字，他可能一开始就不知道要怎么教，也不知道怎么做。我们第一次到省里去参加评优课比赛的时候，我们已经在帮老师调整上课设计了。本来先字词再语篇，调整后，语篇、主题先放前面，字词再跟上去，第一课时的时候着重处理对语篇的理解。后来，老师提出了一个问题，因为当时江苏省刚换新教材，用了个语言点，他问我那个语言点要不要练。我当时觉得老师讲得也有……因为我也不清楚小学的这个模式到底是怎么样的，所以，我说"语言点你要练那就练一练吧"。

后来一到省里比赛的时候，前期还可以，但是……中间有个小插曲，其实我听了前面的，因为我们是第二天比赛，前面一天比赛的时候，我发现其他大市，不是全部的，包括苏州、无锡、南京这些比较发达的城市，它的语篇教学是比较成熟的，基本上在第一课时当中没有把操练放在里面。我记得我们那个老师要上场之前，我说"你把字词操练那块去掉，人家都不做"，然后他上去的时候，他说不放心，最后还是放了上去。后来我们得了第四名。得第四名的原因就是放了这个东西，不仅对他，包括对我，冲击都是挺大的。但是从另一方面证明我原来的感觉是对的。

回来以后，我就借助这个事情来调整我们的语篇教学。到底应该怎么做？我们前期做了很多教研活动和课例展示，慢慢地就摆脱了原来的字词先行，当然前面做的是铺垫，有一些词汇是放在文章当中让学生通过读文章去理解的。其实最终促进教学发生明显变化的可能就是，我们教科院的一个关键能力测试。当时我还不知道关键能力是什么，当然我们到现在也没界定清楚，我们也在努力界定，今天听了王老师讲的关键能力，发现我们做的那个关键能力简直就太小儿科了，这都是后话。

那时候，它是全市的抽测，成绩不跟学生见面，但是跟老师、跟校长见面。我们是对各个区各个学校进行比较，那一年我做了一个五年级的专项阅读考查，就是涉及教师从来没有接触到的猜词、主旨。相对来说，以前教师出的卷子基本上是检索信息，字词匹配，学生根据题目把原句拉出来就可以了，原句跟选项上面某个字能够匹配得上就可以，是 match words（匹配词），不是 match meaning（匹配意义）。这次我做了一个 match meaning，就是词汇意义的转化，加了一点点的 infer（推理），很简单的推理。那次考试下来，老师发现这些题目从来没做过，也没想到阅读会考到这样一个程度。于是，我跟他们讲，读里面要关注什么，关注哪些东西。慢慢地，从一个区到下一个区。有一个区是跟得比较紧的，一直在做新课，并慢慢推广开来。后来，江苏换教材，没有后面的 BC 版块了，变成 story time（故事时间），fun time（游戏时间），cartoon time（动画时间）等，story time，cartoon time 都是两个语篇，fun time 是放在语篇后面作为巩固的，不会把语法挑出来。后来老师也没办法，找不出来了，我说前面变了，你上新教材就合适了。此外新教材就是逼着老师语篇先行，字词跟上，所以说可能最难的这一关已经突破了。

虽然我是高中老师出身，但是可能在某种程度上，我带的方向是对的，我做的是对的，从另一个角度来讲，小学老师对我这个高中老师的身份也就认可了。为什么？可能你站在高位，看得比小学老师更清楚一些，所以有一批人相信我要做的事情一定是对的，就跟着我在做。目前为止，基本上我要做一些项目都会做出来，这一点也是我觉得在小学做得蛮愉快的一个原因。我们教研室管理也是比较宽松的，只要把教研员规定的做完，教研员要在学科层面做其他改革与实践，没有人干预。

Y：那你们教研室对教研员有什么要求呢？

H：其实也没有一些太具体的……我觉得他们管得不多。第一，可能就是正规，要规范；第二，一定要站在前沿；第三，对于一线教师来说，我们做的是一个指导和服务工作，做好这些就可以了。

Y：有没有要求你每学期要听多少节课，要组织多少次大型活动？

H：我们量化当中有……就是我们教研员最后有一个评价，最后算绩效工资的时候会有一个表格发给我，会告诉我一般达到多少节课，比如，一学期50节课，还有组织多少次教研活动……

Y：你能不能告诉我这个具体的要求大概（是什么）？

H：我这里有个表格……

Y：要不你等会儿发给我。因为我知道北京的教研员一学期大概要听45节课……

H：我们没有，没有那个标准，就是给我们一张表格，我们自己填的。

Y：他们是必须做的，一学期至少要做8次，8到12次公开集体的活动。

H：那上面没有要求，但是我们好像有考核指标，我都忘了，我不清楚，因为我们肯定是超标的。

Y：就是自己填的？

H：对，就是自己填，而且填好了，他也不会检查你填好了，什么时候做了什么事。基本上像我们在学校听课，我们要填。我们可能一学期要听几百节课，但是我们可能只填50节课，就是只要达标就可以了，反正他也不会来查听课笔记，也不会说要我们拿出来举行大型活动的证据。

Y：还挺宽松的？

H：对，挺宽松的，就是他相信我们。我们肯定很诚实，而且我们整个教研团队都是比较敬业的。

Y：你们几个人？小学？

H：我们专职的就三个，语数外三个人，其他一些小学科基本都是从小学到初中，或者从小学一直到高中。

Y：你属于市教研员吗？你管整个小学，从一年级到六年级？

H：我们是从三年级开始。

Y：初中是一个教研员吗？高中呢？你手下是不是还有区级教研员？

H：对。像我们小学基本上都是……因为小学没有直属的，所有的都是分到区里的，所以我们有七个区，七个教研员。

Y：那个教研员也是管整个小学？

H：管他的区域的小学。

Y：区域的也是三到六年级？也不是按学段走的？

H：对。我们一个小学阶段只有一个教研员。

Y：也就是说，加上你共有七个队员，也可以帮你做事情吗？

H：相对来说，对。这两年教研员慢慢跟上了，其实我是先从老师开始的……

Y：你可以越过区级教研员直接找老师吗？

H：可以。比如，我要做一个项目，我可以先从几个学校开始。就像我们做语音，我就想设置一个实验小组，先跟区级教研员知会一下，告诉他，我要选几个小学来做实验。同时，教研员也可以推荐几个小学加入我们这个团队。如果我们要举办一些大型活动，肯定是要跟区教研员先沟通好的。像我们每年、每个学期安排教研活动的时候，都是坐下来跟教研员谈，一般来说，每个月一次市级的教研活动。然后分主题，就是基本上每个区域都有一所学校每年上市级公开课的一次机会，最后我们再轮，1月份我们做什么专题，这个专题要由哪几个区域来承担；2月份我们做什么专题，又由哪几个区域来承担。那么区域下面他再指派哪几个学校或者哪个老师来上这个公开课。

Y：我明白了。基本上等于你和六个教研员来商量一学期的计划，市里的活动。然后区级教研员还要在他的区里搞他自己的活动，是这样吧？

H：对对，他们有自己的活动。

Y：你管理他们吗？

H：不管他们。他们当然可以邀请我们去参加，我们不能说你们这个东西我要来看看。他具体区域怎么做，是区域层面的，他有区教研室。

Y：你不去监管指导吗？

H：对，我不去监管。如果他们有需要，我们可以下去。基本上我们去学校跑，学校觉得他们有需求，需要我们一些指导，我们就下学校。另外就是我自己的课题组，我自己会跟学校讲好了我什么时候过来。还有市级公开课，学校承办市级公开课的时候，必须区教研员自己先（上）一遍（课），市级教研员再听一遍，能达到要求，相对来说比较能够符合想象的时候，再到市级公开课上去展示。

Y：我觉得你的经历是跟很多人有不太一样的地方。你有没有发现，你当高中英语老师的经历，对你的小学教研员工作反而是有帮助的，就业务上来讲你肯定比他们强很多，你知道终端是什么，能想象到小学怎么达到那个终端。你是不是会这样去思考。

H：对。我知道高考是什么样子，我知道高中教学，甚至知道大学它是什么样子，所以我就觉得小学你只要做好哪一块就可以了……可能有的老师只看到眼前这一块，把眼前这一块精雕细琢，但这块精雕细琢是没有用的。为什么？因为你到初中、到高中的时候，这块是不断要发展的，你把这块挖掘得再深都没用。所以就像知识点你不用挖得太深，因为小学就那点儿东西，掌握好就可以了。到初中，这些知识还要深化。

Y：比如说？你能说具体一点吗？

H：比如说时态问题，老师很多时候就纠结这个时态，一定要讲透练透，花了很多时间在上面。我说这个时态问题，小学只学了一点点皮毛，到了初中还要学时态。比如说学一般将来时，be going to 和 will，小学就学到这个，初中我不是太了解，但是到了高中，你会发现一般现在时也是可以表示将来的，be doing 也可以表示将来的，如果现在就把这个事情讲透了，就是讲死了。比如，你看到 now 就要用什么。有的时候就会说，初中老师会骂你，初中讲死了高中老师又会骂你。所以时态这个问题，首先要确立的不是它怎么用，而是它在什么情况下用，然后让学生知道，在小学用到什么程度就可以了。没必要把它讲得很深，练得貌似很到位，就把学生都石化掉了，再改的话，很难改。

小学阶段，我就抓了个语音，因为我发现语音是个大问题。我做了三年级整班朗读比赛和口语交际比赛，本来想做精测的，就是我想看看各个区域是什么样子，但是后来发现不行，我不能用测这个形式。用测这个形式，对老师来说压力太大，对教研员来说负担也重，因为我已经有纸笔测试了，后来我就用比赛，比赛肯定是拣好的。让他们先区级层面比赛，区教研员一个个学校跑。他必须要对每个学校，整个区域内部的三年级、起始年级做到朗读水平跟口语交际水平心里有数。

然后就是抽检每个区域我随便抽，抽到哪个区域我就去测。扛着录像机进去，然后抽它的整班朗读和口语交际，我这边再做一个评估，拿一个数据，跟他们说我做加法不做减法。因为区域当中的第一、二、三名就是我市里面的一、二、三等奖，然后我抽出来的这 7 个学校呢，如果他们学生能获得一二三名，也就是等于获得我们市里的一二三等奖，就是它能够多一个区级获奖名额，所以这个区教研员还是蛮愿意的。第一年做下来，区教研员蛮辛苦的，我也蛮辛苦，然后，我问还要不要做，区教研员居然都同意了，为什么呢？因为他们看到了这个比赛过后，三年级孩子的朗读明显比学教材的那些学生好，就是教师对这块重视了，所以我们现在年年都做。

现在就让他们简化程序，教他们简化程序，（方法）就是拍视频。区里面扛着录像机下去，每个人或者每个学校都拍视频传上来，就是同意不当场给分，评委根据录像来打分。市里只要从那里调这个录像，比如我说今天我要这个学校的，你把这个学校的录像给我，这样我就不用跑了。做到现在，大家相对来说还是轻松了一些，教师对这块也重视了。

虽然还没有达到我的理想层面，但是相对来说还是好了一些，不过还是有问题，因为我们的教师转岗的比较多，专业出身的很少，所以他本身的语音对学生多多少少还是有些影响，但是我觉得不断去做总比不做要好。所以那时候我讲过几句话，小学阶段，一方面是把语音做好，一方面是维持好兴趣，其他东西都是副产品，可以慢慢来，如果把他们的兴趣抹杀了，后面还要学十几年英语，怎么学？所以如果让孩子在小学阶段就只抠在那些知识点上，进行那些很枯燥的操练，我觉得对孩子（的创造力）是一种扼杀。

还有一种小学生，就是我们现在在做的以学习为中心的新课型的范式研究，跟今天王老师讲的非常像。我们要探讨学生在进入课堂之前是什么样子，这堂课上完之后，学生是不是发生了变化。然后我们现在也在让老师做一个主持人，站在边上，来看学生。学生不会了，上去，帮他一把；学生不行了，推他一把，就可以了，老师不是主角。

　　我一直有这样的概念，在小学阶段，育一定是大于教的，就是你教他知识，知识是下位的东西，但是你把他的人格，学习方式，或者一种思维品格都培育好了之后，那些知识的东西自然而然就来了，所以我们首先把老师的定位定好，你是什么人？你以什么身份进入课堂？我的观点就是你跟学生之间是合作者，为什么呢？因为你们共同合作把课上完了，对不对？而不是说你是导演。

　　打个比方，我以前看老师的课堂，很好玩的就是，一篇课文就像一块牛排，老师先把它切好了，切成多块，而且规定学生第一块你必须吃这个，第二块你才可以吃这个，第三块你吃这个，最后一块你必须吃这个。我说哪有人吃饭这么吃的？所以我们现在要做的事情就是先把牛排抛给学生，你先看他怎么吃，就是爱怎么吃怎么吃，如果这块东西吃不下了，这个时候你来帮他，帮他切一下，帮他加点作料让他能够吃下去，那就最好了，因为牛排最后还是要吃到学生的肚子里，让他自己消化的，不是你替他吃……现在教材跟学生之间的这个老师是干什么的，如果是把教材嚼碎了再吐给学生，那学生吃的都是没营养的东西。我们希望学生能够看到他自己的肠胃是怎么运动的，慢慢把他自己的肠胃功能锻炼出来，老师的要做的就是引导和帮助，帮助学生把他这些东西消化掉，然后帮助他产出，帮助他获得成就感。我觉得成就感是兴趣的一个最大的来源，如果能够让学生体会到他自己做完这件事情之后，学这个东西是有用的，然后觉得很开心，对语言学习有一种积极的感受，那我觉得就成功了。

　　所以我们现在也在尝试做课型建模，第一种是我们把这个东西抛给学生，看他能提出什么问题。一类是 questions（问题），比如说针对阅读类的、文本类的、故事类的问题，一般来说提的问题其实就是把文本的框架拉出来；还有一类是 problems（难题），就是你将碰到什么难题，你能不能提出来。我们现在先做这一块，做了几个课目。第二种是在做教学评一致性的，就是教，要让学生知道目标，知道去哪儿，他是怎么去的，最后到了哪儿，我们做了四个课型。第三种是学生自己建构文本，比如，三年级有四幅图，我们前两幅图是扶着学生去理解的，后两幅图让学生自己去建构，因为前两幅图的 pattern（模式）已经出来了，学生会仿照那个 pattern，自己把文本建构出来，再去看自己建构的文本和文章的文本之间的匹配度，我们会发现学生还会生成很多新的东西。对我来说，做教研是很有意思的一件事情，我有很多想法，就去试，然后我的老师非常好，所以在这个过程中还会有新的东西出来，就是在做很多落地的东西的时候，他会帮你做得非常漂亮，非常好。我一直觉得我们的小学老师真的很有创造力，你只要给他一个平台，他就会做得非常好。

　　我们也是让教师去发现，放手之后，学生真的会给你带来很多精彩。如果我们告诉教师，你要放手，你要相信学生的潜力，是没有用的。你先试一试，你先试着放一放，放放看的时候，你看看学生是真的比你想象的更差吗？是给你惊吓还是给你惊喜？最后，不管是公开课还是我们前期试教的过程中，教师就发现确实学生生成的东西比他想象的更多，我觉得学生的表现对教师的冲击可能更大，比教研员讲什么都要好。

所以我就觉得可以先试，不行我们再找别的办法。我觉得我的教研方式不是命令式的，会有很多事情我是不做行政推动的，我们先试试看，做得好了我们再推开来做公开课。最后我们把它做成一种很规范的东西，做成案例。因为我们做成功了，试下来是有用的。那我们以后的教学，比如评优课，我们肯定是往这个方向走的。如果你抓得太紧，这个课肯定是不被我们所欣赏的。还有我的考察，每年我都有一个抽测，我觉得那个抽测非常有用。因为我自己做过老师，评价这把尺它比什么都重要，所以你评价那边不变的话，它怎么都变不了。

Y：你怎么评价老师呢？

H：不是，是我们做的那个测评。

Y：哦，题是你出的。

H：题是我出的，每年都会出一些。比如我要推阅读，我就先做了两年五年级的阅读。做下来之后，老师的教学模式开始改了，然后发现起始年级不行，起始年级有些评价太注重实际，对学生的理解、思维等关注得少了。我就开始把区里的三、四年级的期末卷重新看了做点评，哪个是好的，哪个我觉得是不符合新课标精神的，为什么。我们起初培训的时候，把三、四年级的卷子全部拿出来做了一个分析。等到六月份我做抽测的时候，我就拿四年级做了一个完整的小试卷，然后老师发现，前后都是有呼应的。我前面点出什么是好的，什么是不好的，那么在后面的测评当中，我就测评好的东西。接着，我们再来做六年级毕业班的。老师反馈，很多区域把毕业班的考试作为绩效考核的一种指标。但是我看了毕业班试卷后，感觉太恐怖了，考字词的，翻译的。有的学校五年级就可以为一个画线部分题目来练多少节课，太可怕了。

去年寒假，我做了一个六年级的期末样卷，今年六月份，我把六年级毕业班的测试做了一个初测。然后我就说聪明的人应该猜得出来，我今年要考什么。因为我们不告诉他们要考什么年级，考什么项目，但是聪明的人应该猜得出来，我肯定要考这个年级，因为我当天出了一个范本，我后面肯定要看他们这半年来，这一个学期以来到底做的什么样子。

Y：你那本范本发给所有人看了是吗？

H：对，我是将六年级的期末卷挂在市网上的。因为我们现在最好的方式是，我教研活动所有的东西，课件、讲座，都是挂在我们的云盘上的，全是老师共享的。要找什么，点进去就可以了，包括期末试卷。我前期还做了一个我们区域的基于标准的评价指南……我到底要考什么，考哪些点，题型一般是什么。其实我们前期出过一个指南，我后来写了个论文，发到《中小学外语教学》，没录用。

Y：它没要是吗？你投给我吧。

H：哈哈，是吗，我不知道是不是我的文字太粗浅了一些，但我觉得我们做得还是蛮细的，到底要考什么，考哪个点。我先从口语开始，第一个要"说得像"，指标是朗读，一定要跟录音似的。第二个是"说得通"，强调什么，比如说我们到高年级有一个展示，就是给你一个要讲的话题，把它讲得有逻辑性。最后一个"说得好"，我们在口语当中加了一个才艺展示，就是你只要用英语做你任何喜欢的事情，我都会给你分。能唱英文歌就唱英文歌，能够读英文诗就读英文诗，能够合作表演短剧就表演短剧，为什么？我觉得这就是让他们体会到用英语做事情是很有成就感的，很好玩儿的一件事，就让他们玩着，只要你表演都有分。所以我们的口语评价基本上是激励为主，因为是小学生，我看课标上也是说激励为主。其实一开始的时候，孩子的学习差异不是很大的，虽然一部分是因为学习内容，孩子智力水平，但是很大一部分是我们压抑了他们的学习热情，导致了他们的分化，所以我觉得小孩子还是要推的，你要哄着他的。但是哄的最好方式就是让他体会到：我成功了，我居然能够用英语做我最喜欢做的事情了。虽然我前期有些纸笔表现令人不满意，但是我终归有一项会得到大家认可，是鼓掌的。对于任何学生，他用英语来做的任何一件事情，你一定要带着欣赏的眼光来看。最后无论学生做得多糟糕，都一定要给他鼓掌，为什么？他有勇气在你面前，用英语来开口说一个字都是可以（被鼓励）的。我觉得对孩子来说，他能够开口说一个字，他可能就会说第二、第三个，所以我就觉得我们的评价，对于学生的学习，对于教师教学还是有一定促进作用的。毕竟可以让他知道我要考什么，我为什么要考这个东西，我要让学生能够达到什么水平。我把这个评价指南都挂在网上。

Y：他心里很明白的。

H：对，然后他的教学就会往那边走。当然很多老师不是很明晰，但是没关系，我一次又一次测评。我还有一个最大的欣喜，我们市里就一个区的毕业班考试跟它的绩效是挂钩的，那个区的试卷出得太老套，对教师知识教学这一块着重太多，所以教师很不适应。

但是这两年做下来，他们今年的考试卷跟市里的是一样的。

　　Y：就是慢慢改了。

　　H：对，慢慢改了，能力、阅读、字词的考查，它不是那么严苛了，我最怕他们考词组翻译，我的卷子里面是没有词组翻译的。当然如何考拼写，我现在给他们的建议是，单元测试中你可以加词组翻译，因为每个单元测试的内容，学生是要掌握好的。但是大型的考试当中，就是综合性考试当中，不要再考那么一点点东西。为了那一点点东西，老师把大部分时间花在这里了。我就不考这个东西，我可以把词汇都给学生，学生来填。学生对词汇掌握的广度，我可以在写作当中考。我们原来是没有写作的，小学课标里没有写。五、六年级是肯定要考写作的，所以三、四年级考的是仿写，五、六年级考的是话题写作。

　　我今年出了一个读写，就是看文章回答问题，教师一开始不适应。因为我的题目都是分级的，就是提取信息，然后组织语言表达观点，不管表达什么观点，不管观点是否是我所要的，只要观点成立，我觉得都是可以认可的。所以对于教师来说，我觉得还是有一些触动的，像现在我们的语篇教学当中，慢慢让孩子说自己话的机会就多了一些。

　　前两天我们市（组织）教研活动，我做了一个小讲座，因为我调研时发现最大的问题是教师的教材解读能力不够。这在于他们本身的知识积淀不够，人文素养不够，我觉得有待提高。我要推课外阅读，因为我觉得输入是王道，但问题是，老师对国外绘本当中的人文精神都读不出来，有的是很表面化的一种理解，或者是一种单一的思维。本来文本很厚的，里面有很深厚的主题，他把它读薄了，读浅了。那是很可怕的一件事情，因为有的文本我看起来非常感动，但是老师们一解读，那里面的东西都没有了。

我后来在想的就是，我们每学期都要做教材解读，就是教材培训。我下次的教材培训是做互动性的培训，就是从教材解读，看看应该解读什么东西，就是对文本内容的解读，提炼核心知识，给出问题。因为以前B、C板块提炼好了，现在学生自己提炼，他提炼不出来，所以我后面要做这个东西。我每次在下面调研的时候，听大量的课，每次都会发现问题。这个问题差不多了，那个问题冒出来了，再去解决那个问题。虽然觉得很辛苦，但是每次都有新的东西在做，也有挑战。我自己还是很喜欢花样多的东西的，所以我就觉得每次去研究一个新的东西，我们一起在做的时候，还是很好玩的一件事情。我现在基本上是玩教研，我很怕写文章，但是我们得努力写，教研除了让我必须发表什么文章之外，其他都是比较好玩的事情，我还是很享受这个过程的。还是一句话，我那个团队特别好。

Y：你刚才说了半天培训，有没有搞过大型的讲座？

H：有讲座，但是我们的教研活动基本上是以课为主，结合课例来做。因为你做那个干巴巴的东西，对教师来说他会听，但是你说你的，我做我的。如果你把课拿出来，他会发现那个课上有好多东西，结合这个东西再跟老师说会更有效果。

Y：那就是说，你先去试点校试课，然后来做公开课，大家看完课，你在说课、评课当中培养教师，大概是这种方式？

H：对。我觉得教师也要灌输的，就跟我们教学生一样。教师不是教出来的。教师一定要自己去悟，他自己有触动、有冲击了，他才会去改变。你跟他讲得天花乱坠，讲什么高大上的理论，他一定要经过一定时间的积淀之后，才会接受这些东西。当然我现在听讲座的时候，我觉得是很有触动的。但是对于一线教师来说，他可能更希望看到实实在在的一些东西，然后从这些东西当中发现好课跟他（授课）之间的差异是什么。我们还要告诉他们，或者让他们自己去观察，为什么会好，为什么要做。所以现在我们在上课的时候都会提前把教案挂在网上。我说你们带着教案，先看了教案你们再进来听，这样教师就不是带着空脑袋进来的，而是去想他要去听什么东西。像这次，我们把说课放前头，实际上想跟教师说明白，我这堂课要教什么，然后让他们在看课的时候抓住这些点。这样对教师的专业成长更好一些，或者说不是灌给老师一些理念。他要首先接受我，认可我，他才能慢慢地按照我的方式去做。

Y：那我想问你，教师听完这种公开课，你要求他们写什么东西吗？要不你怎么检测他们学到了什么。

H：我觉得，那个反思教师会写得非常漂亮的。

Y：你不让他们写还是……

H：我有两种方式，一种是教师听完课之后会马上有一个即时反馈，因为我会找一些教师来评课。有些时候我不想让一些所谓的专家，或者说像我们这些专家来评，为什么？因为你只能看到一个视角，但我觉得教师看到的点可能会更多一些，我会让教师把那些观点自己写上来，然后我整理好发到网上，这是一种方式。

Y：哦，不是现场评。

H：对，不是现场评。还有一种是什么呢？我觉得没必要让教师写反思，老师的这个工作太多了，听完课还写反思，像带着孩子旅游一趟。

Y：回来写个旅游日记。

H：对，是这样，我觉得我自己做教师也不喜欢这样。

Y：你不喜欢那样写。

H：但是我觉得有些东西都是默会的，它不一定要通过显性的东西来表现……有感想了自然会写。有些老师在自己脑子里或在自己的行动当中多多少少会有体现，这就够了。我觉得最明显的变化是，我们做语音的时候发现，我们每次都是一个小范围的研讨，第一次上完课，这个课上出现什么问题了，我们把它全部点出来，然后你会看到，第二堂课他们那些问题都解决了大半了。新的问题又出来了，好，我们再来解决这个新的问题。这个时候你就会发现，教师们确实在吸收。我觉得还是更能从行动上面发现。

我记得去年碰到一位教师，是无锡小学界一个比较知名的教师。他一般做评课专家，那一次他就讲，我这两年看常州的课，确实有很多不一样的地方。因为我们做思维导图还有很多时候源自学生的东西，站位可能还是有些不一样的。他们会发现这个课确实跟我们以前的不太一样。我这个人也比较爱做一些新的东西，因为我们出去比赛的话，我们要想的是人家都会想到什么，要想人家想不到的，要出新出奇。

后来，我就想，其实还有一个办法就是站在学生的角度，换个位置来看，可能你的课更平实，当然对教师的要求更高。但它可能又走了一条新路出来。我们的语篇教学成了一个模式化之后，我们前面是立模，现在是扩模。我所有的立模都是为了扩模的。我们现在其实在做的，所谓的以学习为中心的新课型范式就是扩模的一个过程，就是换另外一个角度的话，我们能不能发现什么，能不能做到什么。还有就是更多地指向学生的学，对于教师来说也是一件好事情。

我老是跟教师说，要做一个懒教师，因为现在教师太苦了。做一个懒教师是说把天天在讲的这种方式变为能够让学生做的就让他做，教师不要总做。能够放手的事情尽量放手，虽然体力解放了，但是可能 mentally（精神上）压力会更大一些。从另外一个角度来说，能促使你成为一名更聪明的教师，就是跟别人不一样，因为你会动脑子。所以要做一个体力劳动者还是脑力劳动者，是教师可以选择的。但是我要教师去看效果，因为我觉得教师只有看到效果之后，他才会承认我这种方式是对的。我不会推动他们，说你必须接受我这个观点。所以有些课，教师不接受。好，你上成什么样子你先上，你可以上，但上出来了我们再跟另外几节课程比较，他就会发现问题在哪里。然后让他们以这种方式来接受我讲的可能是对的。但我也跟他们说，我讲的未必是对的，小学老师太听话了，我一直说，老师要学会质疑，教研员讲的未必是对的。但是首先你要说服我，那我也力图说服你们，就是慢慢觉得这样一种机制可能让我们两个都变得聪明一些。所以这可能就是我做教研的时候，我觉得比较快乐的一个来源吧。所以我还是非常享受这个过程的。

　　Y：想问的是，现在你说了那么多，我能感觉出来你很喜欢这份工作。是不是你做了小学教研员之后，小学整个英语教学发生了很大的变化？

H：我不敢说发生了很多，只能说在发生变化。因为我看到了我们课堂，包括青年教师的成长。我有一个青年教师研修团队，那是我一开始就一直带的。青年教师的发展，以及我看到下面区域的教研，以及一些学校的教研，它都围绕这个主题在展开。我觉得改变人的最主要的方式，是改变思维方式。我觉得教师现在已经在想了，哪些事情我是可以让学生去做的，哪些事情能够放手一些。还有一个就是包括课外阅读这部分，前期我们推的时候是非常困难的，但是现在基本上像有些区域每个学校都有课外阅读。以前连阅读概念都没有的一个小学教学，现在已经发展到有课外阅读，我觉得这可能是最显性的一个变化。教师现在讲的一个话语系统，包括教学目标的制订，我觉得都慢慢地……

Y：正规啦？

H：对，我觉得就是匹配上了。因为我们那儿的学校上课层次也比较多，也有一些学校的变化，包括某些区域的变化还不是很大。但是我觉得我们要等，我不能急着推。还有一点最大的改变可能就是区域教研员。因为我不是做一个领导，我不想用这种权威来压他们。但是我觉得这几年过来，他们已经认同了我的一些教育理念，教育方式，只要我推什么，他们就……

Y：愿意跟着你走。

H：对，愿意跟着我走了。我刚做教研员的时候，还有一些区域教研员甚至……

Y：不服吧。

H：对，不服。还有很多的非议，甚至有一些造谣。但是我觉得现在已经……包括跟我最对立的几个教研员，跟我已经很服帖了。这是为什么？我觉得我这个人第一个就是不记仇，我觉得没什么，只要过去就行。第二个是不管你怎么说，我还是尊重你。第三个是我让他们看变化。他看到了，哪个区域在做了。我说你们随便做，但你看这个区域在做，它明显就上去了。那么他们也要改善了，他自然而然也要跟着我的步伐走。所以我觉得这也是非常好的一种方式，跟区教研员相处的话，我觉得也是越来越顺畅。

Y：我觉得可能跟你的这种工作作风有关系。你自己想的是一个引导，而不是一个主管，可以这么说。

H：但有些情况我还是蛮强势的。我有时候就觉得我上次说得太多，也有要把这个东西加上去的这样一种前提。我现在慢慢也有这样一种感觉，就是让教师多说。包括语音教学，我就是慢慢让教师把这个观点全说出来，然后我们再慢慢去解决它，看这些东西到底怎样去处理。所以我觉得我有这个耐心去等。但是我快知天命了，心态比较好。因为我说我现在做教研，我不为什么，我又不想做特级，我又不想做正高，我也不想再去混个一官半职。我现在做的就是去做的我喜欢做的事情。还有就是一个人总归要为这个社会做些什么。我们以前受惠社会太多了，我现在想得最多的是孩子。因为现在听课听得多了，很多时候把自己放在孩子的位置上，就觉得你应该为他们做些什么。或者，我自己也是教师，为教师做些什么。我的教研宗旨就是，让孩子学得愉快，让教师教得轻松。那我们就往这个方向去做了。所以我们前期可能让教师觉得压力大的一个方面就在于离开了他的舒适区。虽然很辛苦，但他习惯了，他要接受一个新的改变，可能这个过程比较痛苦。但是我觉得他只要变过来了，到另外一个区的时候，会发现可能是另外一个天地了。

Y：更舒适了。

H：对，就变成另外一个舒适区，是真正的舒服了。他们能做到这个方面，就是我应该做的事情。所以我现在不断地告诫自己，每次做什么事情的时候，就问自己这个方向对不对。因为教师非常听我的，所以我万一倒错了之后，那可能教师跟我做了很多事情都是无用功。就是我们现在就在讲，为什么我觉得会议对我来说非常重要，因为我要去验证我自己做的，自己想的，是不是与这个国家的趋势，包括这个新课标，或者教育发展方向是一致的。但我今天发现是一致的，我没有做错，我没有走错。最起码这个方向是对的，但怎样把这个路走得更好一些，可能就是我们下面一线要做的一件事情。所以我是很感激这个……因为我这个人不太喜欢看书，可能那些书大概也翻。但是我觉得有些杂志，包括《中小学外语教学（小学篇）》，对我来说不是太有……虽然我也想投稿，但不要我的稿子。

Y：待会儿说完，我跟你说说期刊。先不说这个了。

H：我觉得，它里面课例特别多，但真正大方向的东西还是应该再多一些。我在华师大访学，我们导师给了我们一大堆书，我有的时候高兴拿出来翻翻。但我看得比较多的是一些教育上的帖子。因为不管我到国外去，还是看了这么多书，有一点我是确认的，就是我所有做的一切东西都是要为人。这在我们教学当中还是最重要的，教师也是非常重要的。然后，教师服务于孩子，为孩子发展服务，教育也一定要为教师的发展服务。把教师这一块儿服务好了，学生那一块儿就也能够发展起来。所以这可能就是我做教研的一个指导思路，就是为人，这个我觉得已经在我脑子里了。

Y：嗯，特别好。那我还想问你最后一个问题，咱们聊得太晚了，我都不好意思了。

H：我话讲得太多了。

Y：不是不是，是我不好意思，让你晚睡觉了。就是你觉得你现在有没有遇到瓶颈，你有没有遇到困难和挑战？虽然你非常喜欢（这份工作），做得也很开心，教师也很配合你。有没有特别难的地方，或者你个人发展上面有没有需求？

H：就从我个人发展上来讲，我要扩大我的影响力，我可能需要有一些头衔，比如说特级啊，正高啊。但是，一个是现在我自己论文的发表，当然也有一两篇核心，还有一个省课题。我前面报了一个我的口语评价课，以及申报"十二五"规划课都没有通过，这次省教研课题我报了一个以学习为中心的，不知道能不能通过。此外，我要把这些想法整理出来，一个是时间不够，而且我觉得自己的动机也不够强烈。还有，自己的水平也有限。其实很多老师讲的、做的东西非常新，但是可能就没有把它们……

Y：物化出来。

H：对，物化出来。当然前期我也去国培做了一些讲座，做了一些东西，包括话语分析、阅读教学，但是很多东西还是没有成体系。我想，如果我有一个很好的头衔，可能可以在更大的范围扩大我的影响，扩大我们要做的这个事情的影响。因为我觉得这些东西是教育当下应该做的。前天听课，我还蛮受刺激的。我们有一个比赛，因为我是从高中下来的，所以去听了初高中的课。虽然我离开高中教学有四年了，但我发现初高中的课还是以灌输为主。所以我后来在想，我是不是对小学教师要求太高了。我们小学是不是走得太远了，我们也做过中小学衔接的一个同体异构。当我们把小学的一个教材拿出来时，他们就发现我们小学已经把字词放在文本当中，已经提升了他们的人文价值，到了批判思维或者想象这块儿了……比如，我们一起来做中小衔接，甚至做到跟高中对接。我们都能够形成整个一个发散的东西。我儿子就是一个典型的例子，他在小学的时候非常好，到初中就是因为默写什么的，对英语产生了很大的抵触。虽然他现在已经大三了，也在学这个，但是对英语这块还是有一些看法的。我个人的发展瓶颈就在这里，就是我要往前走一步……

Y：该怎么办？

H：对，可能我有一些实践层面的东西，但是怎么把这个成果物化出来，或者是为我往上走一步做一个很好的奠基，可能第一是我懒得做，第二是我觉得能力、平台有限，可能是我个人发展的一个瓶颈。

……

Y：这么多年保持自己的本性。

H：对。另外一个方面，对我自己的发展可能也会有些阻碍，随它去吧。我觉得我现在在做小学教研的过程当中，我做了很多东西，这些东西我要怎么样用一条线串起来。就是我要把它们梳理起来，现在没有空梳理，因为你刚解决这个问题之后，又发现新的东西出来，又想解决这个新问题。其实我能够形成一个比较完整的系列。我来教研室四年，他们说我做了很多很多事情，但老了很多，白头发也长了很多。但是我比较喜欢，所以不觉得。就说怎样把这些事情能够梳理出来，自己也看到自己发展的一个过程。

像有一节课我去年是这么替他们改的，可能到今年的时候我发现，同样的老师就很好地上了一模一样的课。但是今天我想的又不一样了，我跟他们讲，我的认识也在发展过程当中。我也对教材，或者对学生有更深的认识，所以今年我们改的可能跟去年不太一样。其实把我这整个思路，或者这样一个路径找出来也是很有意思的一件事情，但是没有空去梳理，自己有的时候也懒。而且我还要有自己的生活，我也是比较小资的一个人，我有时间我可能会出去旅旅游，出去购购物，然后在家里做做家务，我比较喜欢整理家务这些事情。我工作是为了生活，不能让工作打扰到我的生活，虽然有的时候不得不打扰，但是我最后还要保留我生活这一块。所以可能我觉得时间不够用，我也比较懒，也不是一个……专业精神很强的一个人。所以我就觉得，条理化这一块还是需要去梳理，包括把一些东西物化出来。但是目前懒得弄，一篇论文要弄几个月的，出来还没结果。

Y：好啦，耽误了你那么长时间，说得特别好。

附录 5　北京市英语教研员状况研究（2011）

一、研究方法

本研究采用质的研究方法，以对教研员的深度访谈作为数据的主要来源，同时辅以文件阅读、课堂观察、培训资料采集与分析，以及与接受培训教师进行访谈等手段来全面了解教研员在北京市中学英语教师专业发展中发挥的作用和面临的挑战。

（一）研究对象

本研究的主要对象为来自北京市城八区（东城、西城、朝阳、崇文、宣武、海淀、丰台、石景山）的 20 名区级教研员、两名市级教研员，以及两名教材培训者和部分接受培训的教师。选择城八区教研员作为主要研究对象是因为这些区基本可以涵盖北京市不同城区的教师教育发展特点和差异，同时在地域和交通上减少为我们的数据采集工作带来的过大负担。为了减少中考和高考对教研员工作的影响因素，我们选择了各区初二和高二的教研员作为本次调查的主要对象。在 20 名区级教研员中，负责初中英语教师培训的 9 人，高中英语教师培训的 12 人（其中一人兼初中）。男教研员 5 人，其余 17 人为女教研员。受访的市级教研员中一名退休，一名在职，两名教材培训者中一人为经常参与培训的大学研究人员和教材编者之一；另一名为具有丰富教学经验的中学教研员。各城区的分配比例是东城、西城、丰台、宣武各两人，海淀、崇文、朝阳、石景山各三人。在受访的中学教师中，有一人为退休教师，一人为教学经验丰富的在职教师，其他为接受培训后的随机访谈者，共七人。受访人员情况如图1、图2、表1所示。

东城区	海淀区	西城区	丰台区	崇文区	朝阳区	宣武区	石景山区	市级
2	3	2	2	3	3	2	3	2

图1　受访教研员人数一览

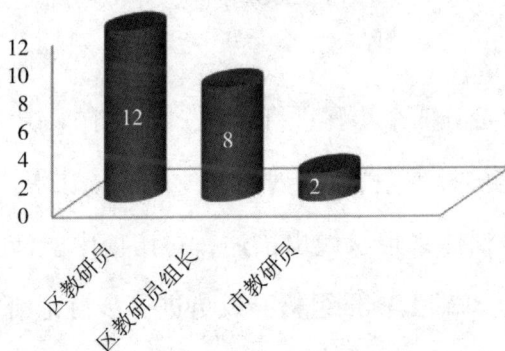

图2　受访教研员职务情况

表1　其他受访者信息

教材培训者	1 人	大学研究人员
	1 人	教材编者
中学教师	1 人	退休教师
	1 人	教学经验丰富的在职教师
	5 人	随机抽样

（二）资料收集与整理

本研究采用深度访谈、课堂观察、资料和文件收集相结合的方法收集数据。访谈以半结构、半开放式面对面访谈为主。受访人数为 31 人，经受访者同意进行录音，每人每次访谈时间为 45—120 分钟，录音誊写文字共计 30 万字。观摩培训课堂市级 8 次，区级 2 次，约 80 小时。教师课堂观察 500 分钟，正式或非正式访谈 700 分钟左右。

访谈资料分析分四个步骤进行：（1）对所有采访内容进行编码；（2）从所有编码中提取主题，寻找关联；（3）在形成初步思路后，对北京市教师培训体系现状做出描述，对访谈中所涉及的问题进行分析；（4）在此基础上项目组核心成员进一步讨论研究结果，统一认识，并形成拟提出的建议与思路。

二、研究发现

北京市对教研员的选拔要求严格谨慎，教研员要有专家的理论水平、一线教师的教学经验、杰出的管理才能和较强的人格魅力。采访中我们深深地感受到所有教研员对他们工作的投入和为做好工作所进行的不懈努力。可以肯定地说，正是由于这样一批爱岗敬业的教研员的全力工作，才使北京市的教师培训体系得以正常运转，使教学改革和促进教师发展的历史任务落到实处。本节呈现的是教研员的日常工作内容，教研员的教学理念和工作理念，在推进北京市基础阶段的新课程标准改革中所发挥的作用和担任的角色、面临的困惑和挑战。

（一）教研员的工作内容

教研员的工作主要包括教学研究、考试研究和调查研究三部分。教研活动主要由集体备课、研究课以及专家讲座构成。考研活动主要是对考试（高考和中考）的研究（如题型），针对每学期教学的周测、月考、期中和期末考试进行出题。调研是指每学期教研员去所管辖学校听课。每位教研员通常根据本区英语教学实际情况对各项工作的侧重点有所不同。通过听课、平时考试等反馈回来的信息，教研员能发现辖区教师教学中的薄弱环节，从而设计相关教师培训专题。

集体备课是教研员教研活动中的重要内容，也是教师们感觉最具实际效果的活动。例如，由于高中课程改革，有些老师对课程理念可能不是很清楚。如果老师单靠自己或本校备课组进行备课，工作量将会很大。另外，教师可能不清楚每课或单元的重点。我们访谈的教研员一致指出他们通过组织集体备课来减轻教师们的备课负担。一般教研员在开学给所管辖学校分配备课任务，通常是一个学校负责一个单元，设计教学方案。每个单元由两个不同层次学校（示范校和非示范校）同时准备。然后在全区教研活动时，两个学校的老师分别讲解某单元的教学设计。全区老师可以听到两种不同方案，再根据自己不同情况进行整理选择。

> 我会尽量帮助教师排忧解难。例如，备课时，尽量给教师减轻压力，提供资源共享……为什么想这个办法，如果都让教师去备课，他根本就没时间。所以这确实也能为教师提供一些方案，为教师减轻负担。尽量给教师做一些有实效性的东西，让他觉得不虚此行。（DCHZHM）

研究课也是教师比较喜欢的教研活动。研究课通常有一个主题（如语法课怎么上），主要展示如何在课堂上体现新的教学理念。但是由于学校层次不一，教研员一般组织教师分组听课，即示范校组听课和非示范校组听课。示范校组的教师必须参加示范校组的研究课，但可以自愿参加非示范校组的研究课。非示范校组的教师必须参加非示范校组的研究课。

（二）教研员的教学理念和工作理念

教研员在谈到英语教学的理念时都一致提到新课标理念，即以学生为中心的教学模式。在日常教研工作中，他们也努力让教师们理解并落实新课标理念。目前大多数教师在课堂教学中对学生活动的关注比以往更多，而且意识到了外语课实际上是实践性非常强的课。教师的教学重点应该是学生是否掌握教学内容，而不是教师是否完成计划中的教学内容。

> 教师讲得再多，学生也学不会这种语言。语言是通过学生的实践获得的。这种理念我认为作为外语教师都应该是非常清楚的。(SHJSML)

> 从上学期开始，我们做阅读听说结合，就让教师们从一开始就不用过多地考虑我能不能上完这节课，我讲得清不清楚。而是想这节课上完之后学生能不能学会，怎么能够让他们学会，最后怎么能够看出来他们已经学会。(XWJP)

某些教研员指出教师应该有权力根据自己学生的情况来选择一些材料，对统一教材可以有所取舍及有所增加。另外，外语学习不仅仅是语言的学习，更重要的是学习做人。因此，学生应该大量阅读（如小说），并参加和组织语言表演活动，而不是天天做题。虽然目前学校主要以学生的成绩来考核教师的教学效果，但教师在评价学生时应该给学生心理上一个宽松的发展空间，允许学生犯错误，满足自己的好奇心。

教研员们指出教研员的工作应考虑满足一线教师的需求以及学生的认知水平。教研员认为教研员和教师是一个共同体。每位教研员都希望自己组织的教研活动对教师们的教学有实际性的帮助。有些教研员指出自己在和教师们相处时，尽量把自己的位置放得很低，本着为大家服务的原则去组织各项教研活动。教研员要想办法去发挥教师的潜能，让教师心情舒畅地工作。因此，听课或查教案时，要多用鼓励性的语言，指出教学中的优点，而且尽量让教师自己说出问题，同时要允许教师有自己的个性，就某个问题根据学生情况来处理教材，而不应该把教研员自己的理念和方法强加于教师。

> 我跟很多教师都是很好的朋友，因为我首先把自己的位置放到很低。很多老教师比我经验丰富，带高考的经验也比我丰富，我的主要任务就是为大家服务，当然也会给大家找一些理论的指导和方向性的东西，但是服务对我来说是第一位的，让大家每次来了都会有一些收获。(CHW4YY)

另外，在向校领导汇报听课结果时，非常注意保护教师的权益，会有技巧地向校长汇报某教师的教学情况，然后私下跟该教师交流，帮助他/她改进教学方法。教研员通常是针对某一普遍问题来提出改进建议，而不是针对教师。在组织教研活动时，教研员们在力所能及的范围遵循分层原则。分层活动有助于调动教师参加活动的积极性，也使得活动更有针对性。

> 我们给教师做培训，也会分层。比如，对青年教师，我们会单独开一个班。可能三年以内的，五年以内的，我们也会单独开班。如这个学期，我们就开了一个三年以内的。16个人，

都比较年轻，专业、语言（方面）都会比较好一点，但是教学经验可能会不足。所以我们对他们就单开了一个班。骨干教师的能力、层次更高一点儿，就可能会把他们单拎出来，给他们一些别的任务，这样对他们的发展会有一些帮助。（SHJSCF）

有些教研员指出教研员应该大循环，就是从初一到高三都带一遍，这样有助于了解如何衔接初中和高中的英语教学。这样其实对教研员的要求就提高了。教研员不仅要熟悉初中和高中的教材，而且要了解初、高中生英语学习的特点，以及同时要了解初、高中老师的教学风格。这样，指导高中教学的时候，就会更有针对性；反过来指导初中教学的时候，就可以有意识地把高中学习中需要培养的能力渗透到初中教学中。

教研员还指出做基础教育方面的研究课题一定要深入到课堂教学，切实帮助学校解决一些相关的问题。虽然辐射面可能不大，但做得比较扎实，也就是教学要和科研真正结合。目前很多科研搞得轰轰烈烈，然后写出几篇论文，论文还可能是东抄西抄的，对教学没有实际的指导意义。因此，教研员有责任引导教师树立正确的科研意识。

（三）教研员的作用与角色

1. 教研员的个体差异

研究发现，由于不同的背景，教研员对于自己的工作角色有很多不同的理解，因此在工作理念和指导方式上有较大的差异。一位教研员认为"用老人的话讲，你是一个方面军的司令员。一人负责一个学科"（SHJSH8MZHX）。也有人认为自己就像个中介公司，还有人说自己就是给教师"打杂儿的"。有的教研员下到学校指导和调研时以专家的身份说话办事，有的教研员则认为教研员不能把所有的教学教法都规定死了，要给教师留出创造的空间。

> 我现在在极力地扭转这一点。但是，这些许多教研员，连市里都算上，都不见得有这种意识。他倒觉得教师听他的挺好。我不赞成这个观点。我觉得教师应该有自己独立的见解，应该有权反驳教研员。教师有自己的看法，有权对教材进行一些处理，只有那样才能教好书。教师不可能（总）跟在教研员屁股后面。（SHJSH8MZHX）

由于教研员对自己的工作究竟应该是什么似乎没有一个统一的理解，多根据自己的认识来解读他的职责，并以此作为自己工作的指导原则。因此，教研员在执行政策和推行新课标时会出现较大的差异，给各个学区的工作带来不同的影响。但是总的来说，研究团队成员一致认同的是教研员在一线教师和课程改革倡导者之间发挥着中介和桥梁作用，他们对教师的扶持主要体现在对教师日常教学的指导和职业发展两个方面。

2. 中介作用

教研员的自身特点和他们的工作任务使他们普遍认同自己的中介作用。从一位教研员对这个群体特点的分析中可以看出他们对自己的基本定位：

> 我们水平也没有多高，就属于这种吧，跟大学比，理论稍
> 微差一点；跟下面的教师比，理论又稍微强一点；跟大学教师
> 比，我们实践经验比较丰富，因为我们教研员都是一线调过来
> 的，所以我们就属于桥梁的这么一个作用。(HD1HXL)

正是由于这种特点，教研员在大学研究者和中学教师之间，在
政策制定者和一线教师之间，在教学理论和课堂实践之间都能够发
挥自己独特的中介作用。

（1）桥梁

很多教研员都认识到自己的任务是带领广大一线教师落实新课
标的理念，并在执行政府决策的过程中帮助教师把理论转化为课堂
的实际行为。

> 我们本身起到一个桥梁作用。上传下达，然后制定相关政
> 策。因为教师毕竟在一线课堂，要把这些理念融入到课堂当中，
> 把一些理论的东西化作课堂教学实际的操作行为，这中间有一
> 个如何沟通的问题，需要我们教研员做一个中转。我们要把北
> 京 市 的 一 些 相 关 的 文 件 先 消 化，再 讲 解 给 教 师。
> (SHIJ3CHXZH)

在这个过程中，不少教研员感受到自己工作的挑战，同时也看

到因为他们的努力，使一线教师所面临的压力得以释放。

　　　　教研员的桥梁作用实际上非常重要。如果教研员能够起到
　　这种桥梁作用的话，恐怕教师在课程改革当中的困惑就会少一
　　些，在课堂的教学当中就能够把理念贯彻得更充分一些。如果
　　做不好这种桥梁作用，我想教师靠他们自己去琢磨，这条路可
　　能要长一些。（FT7LLB）

北京市的新课标改革决策通过教研员在多种教研活动的推动逐
步深入人心，如果没有这些人的全力推进，改革将会步履维艰，教
师也不会受到如此巨大的冲击和推动。同时，教研员们用他们精心
设计的培训计划和实实在在的帮助有效地缓解了教师在面对改革时
所面临的心理和工作压力。

（2）蜜蜂

在努力推进新课标理念在课堂教学中应用的同时，教研员的另
一个任务是在课堂教学中发现教师的实践智慧，并把它们加以总结
提升、推广，使教师对自己教学行为的认识上升到一个新的高度，
同时不失时机地发现人才、挖掘人才，予以栽培，壮大教学改革参
与者的队伍。一位教研员把他们的工作比作"蜜蜂采蜜"：

　　　　在教学过程中，我们跟蜜蜂采蜜似的，也就是说，我们听
　　一个教师的课，即使他没有意识到他在培养学生的学习策略，
　　但他的一些做法确实那样做了，我们给他总结出来，提炼出来，

然后在教学活动中，我们给他宣传，其实我们的作用就是这样的。(SHJSH8MZHX)

这里教研员的工作不仅是了解一线教师的教学情况，更重要的是发现他们在教学中的亮点，对其加以总结、归纳，凝练成可以"讲出来"的故事，让更多教师听得懂，学得会。这个中介作用异常重要，因为一线教师在长期教学工作中积累的很多经验需要通过反思和学习并加以总结和提高，但是往往由于工作生活中的重重压力，教师的实践智慧始终处于自封的状态，在教研员的鼓励和启发下，他们学会从新的视角认识自己的课堂行为，达到理念上的提升。教研员在这个过程中所发挥的是伯乐作用，对于促进教师的专业发展往往起到了关键性的作用。

(3) 人梯

有一位教研员把她的作用比作"人梯"：

教研员的工作是人梯的工作，是要发现好的教师并把教师培养起来。一个是培养教师的教学能力，一个是要发现好的教师，推到全区，推往北京市，推到全国，教研员是这样一个工作，所以就得有奉献精神，能够当人梯。挖掘好老师，然后让他去发挥他的辐射作用，教研员不能把全区每个教师培养好，但可以尽量给全区教师一些帮助，给全区一些力所能及的帮助，在这里再发现更多好的教师，让他们不光在他们学校发挥作用，还要更大范围在全区影响并带动一批人。(XCH6FQ)

当人梯意味着牺牲，需要做大量艰苦细致的工作才能够把一个好的教师苗子发掘和培养出来，不少教研员们意识到做好这个工作需要奉献精神，甘当人梯，像"伯乐"一样，不断发现"好"教师的苗子，并且不遗余力地去帮助他、扶持他。教研员虽然站在一个高于普通教师的位置上，但是其工作的性质其实是为广大教师服务。

（4）服务

教研员的工作繁杂纷纭，他们在推行新课标改革过程中所扮演的角色也由于每个教研员自身的生活经历和教学经历而有所不同。不过大多数教研员都非常勤勉地、忠诚地履行着自己的服务职责。

> 我觉得教研活动组织得好，不一定是这个教研员要特别威严，能够像镇住学生那样镇住教师。这跟学生上课有相同之处，就是行其事、治其道，如果是全心全意为教师做一些事情，教师来了觉得有收获，自然就会认真听，不用教研员去板着脸给他们怎么样。我跟大部分教师，不管是年轻的还是年老的，都是朋友的关系。（CHW4YY）

把自己的工作视为为教师提供服务，是不少教研员的共同心声。他们从这样的努力中看到自己工作的重要意义。

（5）引导

在访谈中，虽然很多教研员提到自己所应该承担的引导教师这样一个责任，他们承认教学习惯的改变需要一个过程，教研员的工作就是不断地帮助教师在平时的教学中发现问题，分析原因，慢慢地矫正，实现教师在教育理念与教学行为上的转变。但是教研员们所理解的引导，大多停留在教学技能和教学方法的层面上，对于如何引导教师站在更高的视角来认识自己的职业和工作，目前还只是少数教研员的有意识的行为。

一位教研员在访谈中指出英语教学不仅是语言的教学，而且也是文化的教学。为了能渗透这个理念，他在平时命题的时候特别注意这个方面的导向。出各种题型时，不仅考查学生对语法、词法的掌握，而且还考查学生对文章中所体现的情感态度、作者的意图等的理解。他认为正是由于目前许多学生在作文中反映出"思想非常混乱"，因此英语课堂教学上的正面引导显得十分必要。在引导教师在教学中关注思想和文化导向问题的同时，还有一位教研员注意到了对教师作为职业人的意识培养。

因为我在黑暗中摸索了那么多年，没有任何一个人扶过我，我当农民，当工人，当教师，走过的路太艰难了。所以我希望我手下的这些教师能够在这条路上走得容易一些。我说我现在不提倡你们做蜡烛，燃烧了自己，照亮了别人。我说我们要像火炬，既照亮了别人，又让自己也很高大、很雄伟，不要把自己烧掉。（SHJSHMZHX）

与此同时，他鼓励教师成为学者型的教师。

我觉得作为学者型的教师要心胸开阔，目光要远大一些。

　　然后就近的事情和远的的事情前后都能联系起来。我觉得作为教研员应该引导教师进入这么一个境界，引导他进入，然后帮助他一下。因为他在他的那个环境中不可能主动去做或是做得多有成效，所以我们不光是引导，还要扶助他。（SHJSHMZHX）

　　这位教研员看到自己在服务和引领两个方面的责任。在他看来，教研员有责任通过自己的努力引导教师从日复一日的课堂教学中看到高一个层次的工作意义，在教师们陷入平庸和惰性的怪圈中时，把他们拽出来，让他们站在一个新的高度去认识自己的职业，认识教育者的责任。这位教研员特别关注调动教师自身的能动性。他从来不把老师看成被动的、等待指导的群体，而是特别注意鼓励教师有自己独立的见解，有胆量反驳教研员，对教材处理有自己的想法。他认为教研员工作的高一层目标就是慢慢淡化教研员的指导作用。通过为老师提供各种学习机会，如观摩其他教师的课堂教学，慢慢引导他们，激发他们的潜能，而不是强行灌输。为了做好培训教师教学能力的工作，这位教研员平时到学校听课，了解不同教师的教学特长，然后请这些教师给全区教师做相关的示范课，因为他相信一线教师的讲座对教师们更有说服力和影响力。

　　可惜能够站在这样的高度来认识自己职责的教研员目前还不多见，因此提高教研员自身的理论水平和科研水平，引导他们站得高些，看得更宏观些，可能是提高中学外语教师专业素质和水平的一个关键任务。

（四）教研员所面临的困惑与挑战

1. 低头拉车，无暇旁顾

教研员工作压力巨大是很多研究人员所得到的一个共同感受。为了完成他们所承担的教研、考研和科研三项主要任务，他们奔波于各个学校之间，听课、评课、组织示范课和各种教学技能竞赛，基本无暇顾及自己的科研或带领教师进行教学科研的任务。一位教研员这样描述自己的工作：

> 市里的工作他得撑着，区里的工作他得撑着，区里本部门的工作他得撑着，教委行政那边还有很多的工作，可能需要再去做。他像是在中间的一个点，然后放射出去，四面八方可能都得他撑着。（XICH8CHF）

这个"撑"字生动地反映了教研员的工作状态。他们每学期至少要组织八次教研活动，听40节课，组织和发起各种竞赛和观摩活动。高中的教研员在课改之前，通常每个年级出一份考题，现在一个学期要出四份考题，包括期中考试。有的教研员还要为教师们准备100页的单元练习。另外，还要参加学区性的教研活动，诸如指导备课、听课、评课等。以教研活动中的集体备课为例，由于每次活动，一所普通校和一所重点校同时准备同一单元的教案，而且一个单元至少五个课时，教研员需要在集体备课活动前看完至少十个课时的教案并给备课老师提出反馈意见。

　　除了要撑起工作的方方面面，教研员还要为应对上级领导的各种行政和业绩考核投入大量精力。诸如写报告、写总结、填表等事务性工作，把教研员的工作时间打散了，严重影响了教研工作的深入展开。

　　这样的状况使得很多教研员像个不停旋转着的陀螺一样工作，没有余力站在学术带头人的位置上引领教师在更高的层面上认识教改和课堂教学的先进理念。

　　更加糟糕的是，教研员还感觉到纷杂的行政和教研活动使他们自身在专业能力的提高上受到了很大的阻碍。由于远离课堂，他们很多人觉得自己的英语水平在下降。

　　　　我现在的问题是，我现在用英语更少了，不像教师，教师教英语，离英语更近。我越关注教学的层面，关注教学理论，关注试题，我忘的语言就越多……那些老师，尤其是高中老师上课还在说英语，起码新单词还在看，但我就没有这个机会了。（XCHFQ）

　　同时当教学理念在变，教材在变，课标在变的时候，教研员不仅要完成对课标和教材的透彻了解，还要有能够解读、宣传和贯彻它们的能力。在高强度的工作任务面前，很多教研员表达了自己在工作中的危机感。

　　　　我觉得教研这个工作，它需要积累，更需要比较完整一点的时间。把很多的思维，很多的想法做一些梳理或者整合，其实是很需要时间和精力的。但是，一个人的时间和精力确实是有限的，长期这么下去，肯定会顾此失彼。(XCH8CHF)

没有时间沉下心来反思自己的工作，整理自己的思想是教研员普遍存在的状态。相对于在校教师，教研员自身的发展机会很少。

除了要面对工作和学习中不断出现的各种挑战，教研员还要坦然地面对待遇与付出不成正比的问题。因为不参加实际教学工作，教研员无法获得学校里普遍实行的课时费补助，因此他们的实际收入比在校教师低。由于参加命题，教研员不可以对学生进行课外辅导或在外面代课，也不可以参加编写相关习题册，因而在收入上也受到影响。因为不属于一线教师，在教师涨工资的时候教研员也无法受益。工资待遇不高的现实给教研员队伍的更新带来很大的困难，很多有能力做教研员的优秀教师不愿意加入教研员的行列中，因而出现难以吸收最优秀的教学人员加入教研员队伍的问题。

2. 教研与考试评测脱节

在教研员全力组织各种教研活动帮助教师理解和执行新课标的时候，他们始终无法摆脱一个严重制约自己工作成效大小的掣肘，即高考在形式和内容上的改革。由于教研系统和考试评测系统分属不同的行政机构，教研员无法了解自己带领教师所做的一切课堂改革措施和教学方法上的尝试是否会在评测过程中得到检验和支持，因此他们始终不能充满信心地要求教师按照新课标的改革思路走下去，这种犹豫和彷徨自然也影响到教师不能放下心来跟着教研员的思路进行教改。谁都知道高考是目前谁也无法摆脱的指挥棒。

> 其实我们一直都比较回避高考。首先我们不了解高考，因为考试试卷是由考试科做的，所以我们一直都比较回避，一直在讲你把课教好，学生能力有了，什么样的考试都不怕……我们能够做的就是模块考试和会考，所以在模块考试和会考里面我们会有些新的题型推出。（SHJCHXZH）

但是毕竟模块考试和会考对教学的影响与高考比起来微乎其微。由于新课标要求学生在评测中达到一定的通过率，它的评测体系和教学内容的变化之间出现了很大的缺口，教学方式的改革和教学内容的更新没有在评测系统中得到充分的体现。

> 这批高二（学生）从高一开始到现在没有一次真正的学业检测，这也是令我觉得特别麻烦、特别困惑的事。这跟教师是一样的。以前我们都有学业检测，通过学业检测大概就能知道状况（怎么样），问题在哪儿，这套题出来大概多少分，应该是哪儿有问题，这都能够（分析）出来。但（目前，一直没有通知）模块考试，大家都掩盖着呢。各学校都在自己出题，像示范校。但这种题，学校跟学校之间不一样，没有可比性。教师也都有这个困惑。我们原来都想过办法，能不能模块考试让学校自己操作，不是过关率要95%嘛……但是我们也没有发言权。目前市里也没有明确出题标准。（CHYDS）

　　评测方式在新课标改革中的不确定性给教研员的工作增添了很多麻烦。例如，初中阶段要求加大阅读力度，但是中考题中阅读只占35%。教研员很难在工作中要求教师加大培养学生的阅读能力，而教师在教学中自然会跟着考试走，把重点放在语法上而不是阅读教学上。

　　　　新课标是要求学会，（考）到什么程度不知道，阅读难到什么程度不知道。说实话，我们也不知道，但是我们只能跟教师说，课标在那里，词汇在那里。因为两套教材不一样，究竟准备哪套教材上的词汇？如果按课标走，教师一定要关注课标上的词汇，那么词汇讲多少，讲到什么程度？比如，spring是春天，那弹簧、温泉的意思讲不讲？这就靠教师自己的经验了。语法讲到什么程度，也要靠教师自己的经验，所以现在教师为什么讲不完课，他总是向深挖掘，他不敢不讲得深，因为他不知道考不考。（XCHFQ）

　　更有甚者，由于负责出考题的人虽然可能是测试方面的专家，但是对于新课标的精神，对于课堂教学规律的理解和经验却未必丰富，因此考试给教学带来的反拨作用常常会使教研员和教师不知所措。

　　3. 自我发展的困惑和需要

　　很多教研员感到在新课标改革的历史任务面前存在着很大的困惑，他们也需要学习。

　　我总是这么想，实际上在课改当中，我们是跟教师一起成长。因为很多东西我们过去想得少，但是现在我们要想得多，而且要想在教师的前面，还得让教师能够接受。我们还得跟他们共同去受煎熬。（FT7LLB）

　　这个"共同去受煎熬"真实地反映了部分教研员的心态，他们也同样面临挑战，同样需要转变观念接受新的事物，而不是像有些教研员给人留下的印象：他们已经克服了自身的局限，完全可以去迎接新课标的挑战了。在面对全新的理念和课程内容以及教学方法的转变时，教研员更加需要时间、需要静思、需要梳理和提高。